PERSONALREKRUTIERUNG ÜBER DIE PERSONALHOMEPAGE

EINE EMPIRISCHE UNTERSUCHUNG DER UMFELDEINFLÜSSE AUF EINSATZ UND EINSATZFORM IM EUROPÄISCHEN VERGLEICH

JONAS F. PUCK

Jonas F. Puck

PERSONALREKRUTIERUNG ÜBER DIE PERSONALHOMEPAGE

Eine empirische Untersuchung der Umfeldeinflüsse auf Einsatz und Einsatzform im europäischen Vergleich

ibidem-Verlag
Stuttgart

Die Deutsche Bibliothek - CIP-Einheitsaufnahme:

Ein Titeldatensatz für diese Publikation ist bei
Der Deutschen Bibliothek erhältlich

∞

Gedruckt auf alterungsbeständigem, säurefreien Papier
Printed on acid-free paper

ISBN: 3-89821-185-1

Printed in Germany

......für Elisabeth, Günter und Jakob

Seite

I. INHALTSVERZEICHNIS

II. ABBILDUNGSVERZEICHNIS

III. TABELLENVERZEICHNIS

1 EINLEITUNG

1.1 Motivation

In den letzten Jahrzehnten hat die Fähigkeit international zu agieren für Unternehmen stark an Bedeutung gewonnen. Der Aktionsradius von Unternehmen erweiterte sich zum Beispiel indem sie exportierten, Tochtergesellschaften aufbauten oder Kooperationen im Ausland eingingen (Kumar / Haussmann 1992). Im Jahre 1990 veröffentlichten diesbezüglich RICKS / TOYNE / MARTINEZ (1990: 219ff.) eine Arbeit, die sich mit den künftigen Aufgabenschwerpunkten der internationalen Managementforschung auseinandersetzt. Unter den acht empirisch ermittelten Untersuchungsfeldern lag an erster Stelle das Personalmanagement. Dieses Ergebnis erscheint insofern interessant, als dass es ein Erkenntnisgebiet in den Mittelpunkt des Forschungsinteresses stellt, das bis in die frühen achtziger Jahre eher als Nebensache in der internationalen Managementforschung angesehen wurde. Auch spätere Arbeiten, wie zum Beispiel von SCULLION / STARKEY (2000) oder BREWSTER (1995), zeigen den intensiven und wachsenden Einfluss eines funktionierenden internationalen Personalmanagement auf den Unternehmenserfolg. In der Praxis zeigt sich diese gewachsene Relevanz zum Beispiel dann, wenn Unternehmen Probleme durch ein nicht optimal funktionierendes internationales Personalmanagement, insbesondere durch fehlende personelle Ressourcen, erfahren. Dabei wird der Mangel an international einsetzbaren Fachkräften, insbesondere akademischen Kräften, in der Literatur hervorgehoben (zum Beispiel Weingarten 2001: K1; Olkus 2001: K1; Kerkow / Kipker 2000: 192). In intensivster Form zeigt sich diese Problematik in einem Kampf der Unternehmen um die vielversprechendsten Talente, kurz dem „War for Talents“ (vgl. zum Beispiel N.N. 2001: 117f.; Schwertfeger 1999: 246ff.).

AGGARWAL (1999: 84) beschreibt in seiner Arbeit einen weiteren elementaren Aspekt des heutigen internationalen Management, der intensiver in den Blickpunkt der Forschung gerückt ist: Den steigenden Einfluss der eingesetzten Kommunikationstechnologie auf den Erfolg der internationalen Unternehmung. Vor allem das Internet mit seinen Diensten World Wide Web und Email hat seit Mitte der neunziger Jahre zu neuen Herausforderungen und Chancen für die Unternehmen geführt. So bietet es neue Märkte und Produkte, aber, und dies ist in Bezug auf diese Arbeit besonders relevant, auch die Möglichkeit zu einer neuen Form der Kommunikation. Deshalb wird in diesem Zusammenhang auch von der „E-Business-Revolution" gesprochen, welche als ein „Enabler" der Informationsgesellschaft gilt, die bereits seit Mitte der siebziger Jahre Gegenstand der wissenschaftlichen Literatur ist (Aldrich 1999; Evans / Wurster 1999; Wirtz 2000: 238).

Eine der in Literatur und Praxis am intensivsten bearbeiteten Verknüpfungen von Personalmanagement und den neuen Technologien stellt die Personalrekrutierung mit Hilfe des Internets dar (vgl. zum Beispiel Giesen / Jüde 1999; Jäger 1998; Fröhlich-Krummenauer / Bruns 1999). Insbesondere die Personalrekrutierung über die Personalhomepage eines Unternehmens wird hier hervorgehoben. Immer mehr Unternehmen nutzen diesen neuen Weg zur Ansprache von möglichen Bewerbern. Die Nutzungsraten schwanken hier zwischen weltweit 70% und 90% der Großunternehmen (iLogos Research 2000; Leonhard 2000). Unklar ist jedoch bisher, ob es nationale Unterschiede im Einsatz der Personalrekrutierung über die Personalhomepage gibt. Insbesondere stellt sich die Frage, inwiefern das nationale Umfeld eines Landes den Einsatz der Personalrekrutierung im Internet beeinflusst und daher, zum Beispiel für multinationale Unternehmen, einen landesspezifischen Ansatz notwendig macht.

1.2 Ziel und Aufbau der Studie

Ziel dieser Studie ist es deshalb, die landesspezifisch differenzierten Umfeldeinflüsse auf den Einsatz und die Einsatzformen der Personalrekrutierung über die Personalhomepage zu erarbeiten, diese als Hypothesen zu formulieren und dann einer empirischen Überprüfung zu unterziehen. Diese empirische Überprüfung erfolgt dabei anhand der Analyse der Personalhomepages der jeweils 50 größten Unternehmen aus Italien, Großbritannien und Deutschland. Für diese Zielsetzung ist es zunächst notwendig, Personalrekrutierung im Allgemeinen und Personalrekrutierung über die Personalhomepage im Speziellen zu verstehen um danach die Hypothesen aus einem umfassenden Umfeldkonzept heraus zu erarbeiten.

Im zweiten Abschnitt dieser Studie wird daher auf die Personalrekrutierung im Allgemeinen eingegangen. Die sie umfassenden Funktionen der Personalwerbung, der Personalauswahl und der Erfolgskontrolle der Personalrekrutierung werden dabei näher erörtert und ihre Aufgaben, Ausprägungen und spezifischen Probleme vorgestellt.

Dieser Abschnitt bildet damit die Grundlage für das Verständnis der Personalrekrutierung im Internet, insbesondere der Personalrekrutierung über die Personalhomepage, die im dritten Abschnitt dieser Studie erarbeitet wird. Auf eine kurze Darstellung der speziellen Eigenschaften des Internet folgt dort eine nach den Funktionen der Personalrekrutierung geordnete Ausführung über die Besonderheiten der Personalrekrutierung über die Personalhomepage. Im vierten Abschnitt werden, unter Anwendung des systemtheoretischen Konzeptes von Skinner, die Hypothesen über die Umfeldeinflüsse erarbeitet und in Abschnitt fünf die empirische Studie zur Überprüfung dieser Hypothesen vorgestellt. Im sechsten Abschnitt werden schließlich die Ergebnisse der Studie vorgestellt. Dort werden aus dem empirisch gewonnenen Datenmaterial mittels statistischer Methoden Indizien für die Richtigkeit der aufgestellten Hypothesen erarbeitet. Die Studie endet mit dem siebten Kapitel, Fazit und Ausblick, in dem eine Zusammenfassung und Bewertung der erarbeiteten Ergebnisse erfolgt und den aus ihnen resultierenden Implikationen für Praxis und weiterführende Forschung dargestellt werden.

2 PERSONALREKRUTIERUNG

2.1 Begriffliche und inhaltliche Abgrenzung der Personalrekrutierung

Für die Aufgabe, eine personelle Unterdeckung zu beseitigen, existiert weder in der Theorie noch in der Praxis ein einheitlicher Sprachgebrauch. Es finden außer „Personalrekrutierung" unter anderem Begriffe wie „Personalgewinnung", „Personalbedarfsdeckung", „Personalbereitstellung", „Personalanwerbung" und einfach „Personalbeschaffung" – teilweise synonym – Verwendung, obwohl sie inhaltlich nicht unbedingt übereinstimmen (zum Beispiel Wagner 1984: 9; Kompa 1984: 5f. und 12; Berthel 2000: 162).

Die Wahl der Bezeichnung ist sicherlich vom jeweiligen inhaltlichen Verständnis, aber auch von der individuellen Präferenz der einzelnen abhängig. So weist zum Beispiel der Begriff „Personalbeschaffung" für HENTZE (1994: 217) wegen des engen Bezuges zur Materialbeschaffung zu sehr auf ein materialistisches Menschenbild hin. Doch auch der Begriff der Personalrekrutierung ist umstritten. Für SCHÖBITZ (1987: 7) erklärt sich dies durch den historisch Bedingten militärischen Beigeschmack des Wortes. Aufgrund der Argumentation von HENTZE und der in der Literatur häufig vorkommenden Ausgrenzung aller Personal(vor-)auswählenden Aktivitäten aus dem Begriff „Personalbeschaffung"[1] wird im weiteren Verlauf – trotz der Argumentation von Schöbitz - grundsätzlich der Terminus „Personalrekrutierung" verwendet.

Personalrekrutierung wird dabei definiert als Bereitstellung und Auswahl von Personal, das den Arbeitsanforderungen der zu besetzenden Stellen in hohem Grade entspricht, und zwar zu den geplanten Terminen und in der mit der Personalbedarfsplanung ermittelten Zahl (Tenckhoff 1993: 132). Als Sachziel der personalwirtschaftlichen Funktion der Personalrekrutierung wird hier also die Besei-

[1] Solche Eingrenzungen des Begriffs finden sich u.a. bei BERTHEL (2000: 163), BISANI (1992: 1620f.) und KAMMEL/TEICHELMANN (1994: 71). REMER (1978: 347) schließt sogar die internen Rekrutierungswege aus der Personalbeschaffung aus.

tigung personeller Unterdeckung in quantitativer (Anzahl), qualitativer (Art), zeitlicher (Zeitpunkt und Dauer) und örtlicher Hinsicht verstanden (zum Beispiel Olfert/Steinbuch 1999: 111; Rastetter 1996: 12, Stopp 2001: 51). Dieses Sachziel gilt es unter Beachtung von zwei Formalzielen anzustreben. Das ökonomische Formalziel fordert die Beachtung von Wirtschaftlichkeit und Rentabilität als Beurteilungskriterien für die Effektivität sämtlicher betriebswirtschaftlicher Aktivitäten. Das soziale Formalziel verlangt die Berücksichtigung der persönlichen Erwartungen der zukünftigen Mitarbeiter (wie zum Beispiel Zufriedenheit, Motivation) als Voraussetzungen für den sozialen Bestand des Unternehmens (Bisani 1992: 1620).

Bei der Rekrutierung von Personal kann grundsätzlich zwischen der internen und der externen Rekrutierung differenziert werden. Um externe Rekrutierung handelt es sich, wenn neue Mitarbeiter eingestellt werden, zu besetzende Stellen also von bisher Betriebsfremden eingenommen werden; bei der internen Rekrutierung wechseln schon im Unternehmen tätige Mitarbeiter ihre Stelle, vakante Stellen werden also aus den eigenen Reihen besetzt (Scholz 2000: 455ff.). Wenn in den nachfolgenden Betrachtungen von Rekrutierung gesprochen wird, dann ist damit grundsätzlich die externe Rekrutierung – also die Ansprache und Auswahl von Bewerbern außerhalb der Unternehmung – gemeint.

Abbildung 1: Teilbereiche der Personalrekrutierung

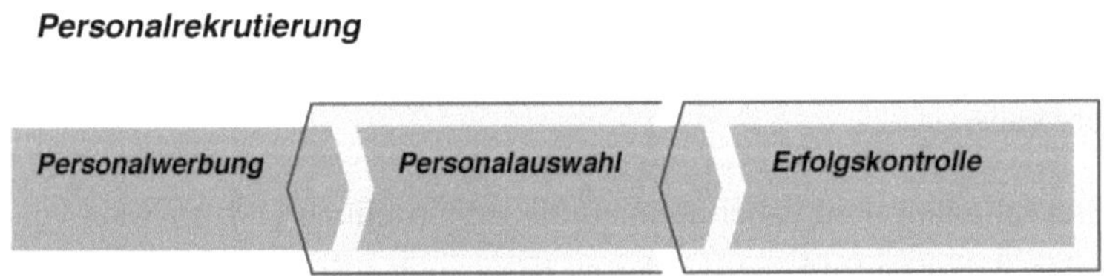

Quelle: Eigene Darstellung in Anlehnung an STOPP (2001: 141ff.), KAISER (1994: 16ff.) und OLFERT/STEINBUCH (1999: 193ff.)

Der Themenkomplex der Personalrekrutierung kann in Anlehnung an STOPP (2001: 141ff.), KAISER (1994: 16ff.) und OLFERT/STEINBUCH (1999: 193ff.) in die in folgender Abbildung dargestellten Teilbereiche aufgegliedert werden:

Eine weite Auslegung von Personalrekrutierung sieht auch die Personaleinführung als ein Teilgebiet der Rekrutierung an und betrachtet die Deckung des Personalbedarfs erst dann als abgeschlossen, wenn „die stabile Integration des Mitarbeiters in den Betrieb gelungen ist“ (Berthel 2000: 194). Auch wenn die Notwendigkeit einer sachgemäßen Personaleinführung keinesfalls in Abrede gestellt werden soll, so wird sie hier nicht in die Rekrutierungsfunktion integriert, sondern als eigenständige Funktion innerhalb der Personalwirtschaft gesehen[2].

Schwerpunkt der Rekrutierungsproblematik ist also die Bereitstellung von qualifizierten Bewerbern in ausreichender Quantität. Eine solche Schwerpunktsetzung erscheint vor allem im Bezug auf das Ziel dieser Arbeit und aufgrund der momentanen Situation auf den Arbeitsmärkten sinnvoll, da ein knappes Angebot an qualifizierten Arbeitskräften eine besonders intensive und zielgerichtete Personalwerbung verlangt (Oechsler 2000: 238). Dies begründet sich insbesondere durch die enge Verknüpfung mit der Personalauswahl. Sie kann natürlich nur dann in sinnvoller Form erfolgen, wenn auch Bewerber in ausreichender Zahl vorhanden sind. Es ist also festzustellen: das Resultat der Personalauswahl kann stets nur so gut sein, wie die vorhergehende Personalwerbung, denn „auch die beste Auslesemethode kann keine geeigneten Anwärter produzieren“ (Jäger 1970: 616 zit. in: Schneider 1995: 26).

In den nachfolgenden Abschnitten sollen nun die Ziele und Aufgaben der Personalwerbung, der Personalauswahl und der Erfolgskontrolle der Personalrekrutierung näher vorgestellt werden, wobei darauf hingewiesen werden muss, dass die einzelnen Aufgaben nicht überschneidungsfrei sind. So haben einerseits einige Personalwerbemaßnahmen bereits einen selektiven Charakter, andererseits haben einige Personalauswahlinstrumente, zum Beispiel aufgrund ihres spielerischen Charakters[3], bereits einen werbenden Charakter.

---

[2] Fast alle neueren Publikationen verfahren in dieser Form. Vgl. hierzu zum Beispiel die Einordnung bei OLFERT / STEINBUCH (1999: 193ff.), SCHOLZ (2000: 505ff.) oder STOPP (2001:141ff.).

[3] Siehe hierzu beispielhaft die „Online-Spiele“ in Kapitel 3.4.

2.2 Personalwerbung

Gegenstand der Personalwerbung ist es, geeigneten potentiellen Mitarbeitern das Anreizsystem[4] der Unternehmung zu vermitteln, mit dem Ziel, diese möglichen Mitarbeiter zu einer Bewerbung zu motivieren, aus der später unter Umständen der Eintritt in die Organisation resultiert (zum Beispiel Berthel 2000: 165; Arnold 1992: 1815ff.). WEINERT/SARGES (1992: 647) sehen es überspitzt als Zielsetzung, eine einzige Bewerbung von der „richtigen" Person zu provozieren. Diese Forderung ist zwar unrealistisch, zeigt jedoch die Notwendigkeit eines konkreten Zielbezuges innerhalb der Personalwerbung. HARLANDER et al. (1994: 286) unterscheiden zwischen „allgemeiner Personalwerbung", mit dem Zweck, dem Unternehmen ein geeignetes, unverwechselbares Image als Arbeitgeber zu verschaffen und „gezielter Personalwerbung", die von konkreten Personalbeschaffungsmaßnahmen ausgeht. Obwohl das Image bzw. die Unternehmenskultur[5] erhebliche Einflüsse auf das Bewerbungsverhalten hat, besitzen allgemeine und gezielte Personalwerbung aber letztendlich eine übereinstimmende Zielsetzung und variieren nur in ihrem zeitlichen Horizont: die gezielte Form versucht kurzfristig geeignetes Personal zu beschaffen, die allgemeine Form den langfristigen Erfolg der Personalrekrutierung zu sichern. Deshalb wird diese Differenzierung hier nicht verfolgt.

Im Vorfeld der Personalwerbung gilt es, analog zum Verfahren im Absatzmarketing, *drei zentrale Entscheidungen*[6] zu treffen (Schneider 1995: 29): *Erstens* muss die Zielgruppe festgelegt werden (Nawrocki 1993: 274). Grundlage dieser Entscheidung ist das in der Planungsphase erstellte Anforderungsprofil für die vakante Stelle, sowie die speziellen Anforderungen des Arbeitsmarktes. Je exakter die Zielgruppenbildung erfolgt, desto geringer ist die Gefahr von Streuverlusten und um so eher können un-

---

[4] Unter „Anreizsystem" sei hier nicht allein das finanzielle Anreizsystem, sonder das Gesamtsystem der Anreize aus Anreiz der Aufgabe, des Unternehmensimages, des finanziellen Anreizes etc. verstanden.

[5] Für einen umfassenden Einblick in die Beziehung zwischen Unternehmenskultur und Personalrekrutierung siehe zum Beispiel MEYER (1989: 205ff.).

[6] Eine ähnliche Struktur findet sich auch in der Kommunikationspolitik des Absatzmarketings. Vgl. hierzu zum Beispiel BRUHN (1995: 199).

nötige Personalauswahlkosten vermieden werden (Scholz 2000: 426f.). *Zweitens* müssen die Kommunikationsinhalte für jede Anwerbung spezifisch auf die vermuteten Bedürfnisstrukturen ausgerichtet werden. Dies begründet sich durch die selektive Wirkung von Kommunikationsinhalten auf verschiedene Zielgruppen (Noelle-Neumann 1999: 539ff.). SÜSS (1996: 82ff.) bezeichnet dies als den „psychologischen Filter" der Kommunikation. So werden zum Beispiel jüngere Menschen eher Informationen über Aufstiegschancen etc. hoch bewerten, während Ältere sich eher für die Sicherheit des Arbeitsplatzes interessieren[7]. *Drittens* müssen die Kommunikationskanäle nach ihren jeweiligen Erfolgschancen für die Werbemaßnahme ausgewählt werden. Durch diese Auswahl findet bereits eine Vorauswahl des Empfängerkreises statt (Schulz 1999: 187ff.).

Abbildung 2: Funktionen der Personalwerbung

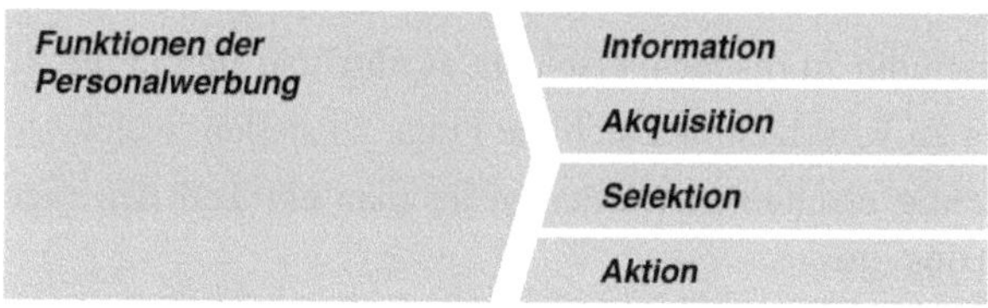

Quelle: Eigene Darstellung in Anlehnung an PULLIG (1993: 148)

Wie die Abbildung 2 zeigt, kann die Personalwerbung in mehrere Teilfunktionen aufgeschlüsselt werden (zum Beispiel Pullig 1993: 148; Schneider 1995: 28). Die Aufteilung in Teilfunktionen orientiert sich dabei grob am AIDA-System, dass die Ziele der Absatzwerbung als Attention, Interest, Desire und Action definiert (Bruhns 1994: 203; Lettau 1994: 138).

Die *Informationsfunktion* soll dem aus den weitreichenden Konsequenzen eines Stellenwechsels resultierenden hohen Informationsbedürfnis potentieller Bewerber gerecht werden. So sollen dem Bewerber u.A. Informationen über den Betrieb, den Arbeitsplatz, die speziellen Anforderungen, die Leistungen des Betriebes, sowie über den Anspruch an Inhalt und Form seiner eventuellen Bewerbung übermittelt werden

[7] Solche und ähnliche Unterschiede finden sich nicht nur im Altersvergleich sondern zum Beispiel auch im soziodemografischen oder geografischen Vergleich.

(Berthel 2000: 171). Der hohe Informationsbedarf resultiert aus der speziellen Situation des potentiellen Bewerbers. Sie lässt sich zum Beispiel anhand der „Anreiz-Beitrag-Theorie“ erklären. Dieser Theorie zufolge vergleicht das Individuum die ihm gebotenen Anreize, sowohl materieller als auch immaterieller Art, mit den von der Organisation geforderten „Beiträgen“ (Arnold 1975, S. 64ff.). Nur wenn der erwartete subjektive Nutzen (zum Beispiel ein höheres Gehalt oder eine anspruchsvollere Aufgabe) der Anreize mindestens so groß ist wie das erwartete subjektive Opfer (zum Beispiel Umzug oder der Verlust des bisherigen sozialen Netzwerkes) der Beiträge, wird das Individuum bereit sein, in die Organisation einzutreten („decision to participate“) bzw. seinen Eintritt überhaupt anzubieten (Staehle 1989: 401).

Diese, aus Sicht der Bewerber wesentlichen Informationen empfängergerecht zu übermitteln, also das Interesse potentieller Bewerber zu wecken bzw. zu erhalten, ist Aufgabe der *Akquisitionsfunktion* (Wunderer 1975: 1695ff.). Um diese „wesentlichen“ Informationen ausfindig zu machen, erscheint es nützlich, sich in die Rolle des potentiellen Empfängers zu versetzen und sich die Frage zu stellen, welche Informationen einem selbst wichtig erscheinen würden, wäre man ein Teil der angepeilten Zielgruppe (Schneider 1995: 29).

Es ist natürlich zu beachten, dass möglichst nur geeignete Personen für die Stelle interessiert werden (*Selektionsfunktion*) (Pullig: 1993: 148). Daher muss die Werbeinformation so gestaltet werden, dass ungeeignete Bewerber von einer Bewerbung absehen und somit eine Art „Selbstselektion“ stattfindet (Hentze 1994: 250). Man geht hier davon aus, dass der Großteil der Empfänger in der Lage ist, seine persönlichen Kenntnisse, Fähigkeiten und Eigenschaften annähernd realistisch einzuschätzen (DeCenzo / Robbins 1994: 156). LEWIS (1985: 124f.) vertritt die Auffassung, dass deshalb in der Personalwerbung auch die unattraktiven Aspekte einer Stellung gezielt angesprochen werden sollten, um den Prozess der Selbstselektion zu unterstützen. Somit beginnt der Prozess der Personalauswahl also bereits auf der Stufe der Personalwerbung.

Abschließend ist es Aufgabe der *Aktionsfunktion*, dass potentielle Interessenten zu einer Bewerbung stimuliert werden und den Kontakt zum Unternehmen wirklich aufnehmen können (Arnold 1992: 1823). Für die Aktivierung ausschlaggebend ist die

Gestaltung der Bewerbungsmodalitäten (zum Beispiel Bewerbungsart, -weg und – zeitraum), wobei die Möglichkeit einer der Bewerbung vorausgehenden Kontaktaufnahme mit dem Unternehmen zu Informationszwecken (zum Beispiel per Telefon oder Email) die Aktionswirkung positiv beeinflusst (Wunderer 1975: 1702).

Eine strenge Trennung zwischen den einzelnen Unterfunktionen der Personalwerbung kann allerdings nur theoretischer Natur sein, da in der Praxis immer wieder Überschneidungen und Interdependenzen auftreten (Schneider 1995: 28). Außerdem muss hier darauf hingewiesen werden, dass die Ziele der einzelnen Funktionen untereinander nicht immer gleichgerichtet, sondern auch antinom sind. So sind zum Beispiel die Ziele von Aktions- und Selektionsfunktion teilweise widersprüchlich. Welches Ziel höher gewichtet werden soll, hängt also von der individuellen Situation des jeweiligen Unternehmens ab. Benötigt man dringend neue Mitarbeiter, wird wahrscheinlich höherer Wert auf die Aktionsfunktion gelegt. Werden nur wenige, dafür hochqualifizierte Mitarbeiter ohne zeitlichen Druck gesucht, wird das Unternehmen verstärkten Wert auf die Selektionsfunktion legen.

2.3 Personalauswahl

Ist es dem Unternehmen gelungen, durch die Personalwerbung Bewerber für eine vakante Stelle zu interessieren, ergibt sich die Frage, wie ein geeigneter Kandidat aus dem Bewerberkreis herausgefunden werden kann. Es ist also die Person zu ermitteln, welche die geforderten Anforderungen bestmöglich erfüllt[8] (Beyer 1990: 253; Finzer/Mungenast 1992: 1583). DRAKELEY (1989: 441) und viele andere vor ihm sind dabei der Ansicht, dass zukünftige Handlungen einer Person am besten durch vergangene Handlungen vorhergesagt werden können. FRIEDERICHS (1991: 113) weist in diesem Zusammenhang darauf hin, dass es jedoch kaum eine andere Fähigkeit des Menschen gibt, „die so schwach ausgeprägt ist wie die Fähigkeit zur Beurteilung anderer Menschen". Empirische Studien über den Erfolg der Personalrekrutierung bestätigen diese Aussage. Eine Zusammenfassung dieser empi-

[8] Die Personalauswahl ist eine sehr alte Aufgabe für Organisationen. So datiert zum Beispiel LEWIS (1985: 21) ihren Ursprung in die prähistorische Zeit und auch in der Bibel finden sich einige Beispiele für diese Problematik (zum Beispiel im Buch Richter 7, 1-8: Gideons Auswahl der Armee im Kampf gegen die Midianiter).

rischen Studien findet sich zum Beispiel bei JETTER (1996: 28ff.) oder HORSCH (2000: 85f.). Dieses zeigt die Notwendigkeit, Maßnahmen zur Personalauswahl einzusetzen, deren Ergebnis zu einem objektiveren menschlichen Urteil führt. Das Ergebnis einer solchen „Messung" sollte die individuelle Eignung eines jeden Bewerbers darstellen, also einen individuellen, vergleichbaren Eignungsgrad für eine spezielle Stelle zeigen (Gatewood / Feild 1994: 113f.). Eignung ist demnach ein relationaler Begriff, der das Maß der Entsprechung zwischen Person und Stelle ausdrückt und nicht etwa eine der Person anhaftende Eigenschaft[9] (Schneider 1995: 49).

Gegenstand der Personalauswahl ist es, die Anforderungen an die Bewerber und die Bewerberfähigkeiten zu vergleichen (De Vries 1996: 56; Moser / Schuler 1989: 281). Es wird dabei das Ziel verfolgt, einen individuellen Eignungsgrad für jeden Bewerber zu bestimmen und den geeignetsten für die Stellenbesetzung auszuwählen, um somit den zukünftigen Nutzen des Arbeitnehmers für das Unternehmen zu maximieren, wobei die individuelle Eignung auch die Übereinstimmung zwischen den Werten von Kandidat und Unternehmen beinhalten sollte (Chatman 1991: 461; Laske / Weiskopf 1996: 296; Oechsler 2000: 242). Diesen Zusammenhang zwischen Fähigkeiten, Anforderungen und den Auswirkungen auf den Nutzen des Arbeitnehmers für die Unternehmung zeigt auch Abbildung 3.

Abbildung 3: Fähigkeiten, Anforderung und Nutzen für die Unternehmung

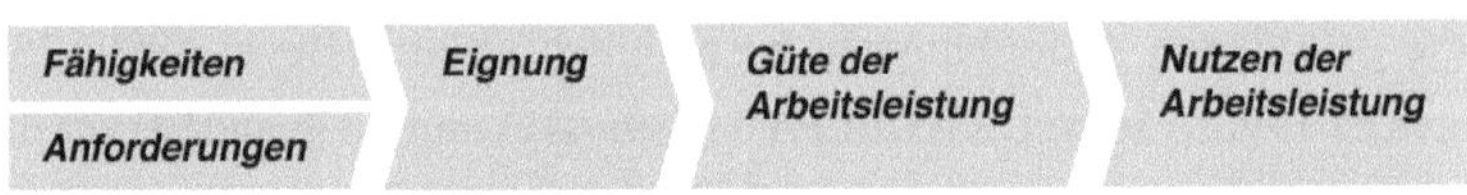

Quelle: Eigene Darstellung in Anlehnung an Schneider 1995: 50

Aus dieser Zielsetzung ergeben sich klare Anforderungen an Ablauf und Gestaltung der Personalauswahl. Auf eine *Analyse der speziellen Stellenanforderungen*, folgt die Erstellung eines *Anforderungsprofils* an die Bewerber, also die Aufzählung aller ge-

---

9 Aufgrund dieser Problematik wird in manchen – vor allem älteren - Arbeiten anstelle der Bezeichnung „Eignung" die „Qualifikation" gewählt (zum Beispiel Hohn/Windolf 1982: 18). Da sich der Begriff „Eignung" jedoch in fast allen neueren Lehrbüchern wiederfindet, wird er auch hier verwendet.

wünschten Qualifikationen (Berthel 2000: 182). Das Anforderungsprofil spiegelt dabei wider, welche Eigenschaften bzw. Qualifikationen eines Bewerbers notwendig sind um die Anforderungen der Stelle zu erfüllen und zwar auch bezüglich der kulturellen Übereinstimmung (Liebel / Oechsler 1994: 71; Kobi / Wüthrich 1988: 76). Wichtig ist in diesem Zusammenhang, dass hier nicht nur die momentanen, sondern auch die im Rahmen der möglichen, zukünftigen Entwicklung notwendigen Anforderungen beachtet werden (Oechsler 2000: 242). In der Regel wird zwischen fachlichen und persönlichen Anforderungen unterschieden, wobei die fachlichen Anforderungen eher bei der Besetzung konkreter, bereits abgegrenzter Stellen zu beachten sind, die persönlichen sowohl hierfür, aber insbesondere auch bei der Rekrutierung für Nachwuchsprogramme oder Traineeprogramme eine wichtige Rolle spielen (Steinmetz 1997: 67). Fachliche Anforderungen sind hierbei als erlernbare Anforderungen zu verstehen, persönliche Anforderungen als der Person anhaftende. SCHNEEVOIGT / JUNG (1995: 55) unterscheiden hier in anderer Form, nämlich zwischen personen- und verhaltensorientierten Eigenschaften. Ein verhaltensorientierter Ansatz wird als angemessener angesehen, da er weitgehend die Gefahr vermeidet, in personenbezogenen, unveränderlichen Eigenschaften zu denken (Schneevoigt / Jung 1995: 55).

Mittels des *Bewerbungsunterlagen-Screenings* werden dann die Basisinformationen über den jeweiligen Bewerber analysiert und eine *Vorauswahl* getroffen (Olfert / Steinbuch 1999: 141ff.). Diese Vorauswahl bedeutet in der Regel, dass Bewerber, die diese „überstehen“, persönlich zu weiteren Tests erscheinen. SEIBT / KLEINMANN (1991: 175) beklagen, dass die Bemühungen um die Vorauswahl in krassem Gegensatz zum hohen Niveau der Personalendauswahl stehen. Sie zitieren MOHR (1990: o.S., zitiert in Seibt / Kleinmann 1991: 175), der durchschnittlich 10 Minuten für die Durchsicht von Bewerberunterlagen veranschlagt und MELL (1993: 303) behauptet gar, dass ein erfahrener Spezialist nur etwa zwanzig Sekunden brauche, um eine Bewerbung als uninteressant abzuhaken. Die Tatsache, dass oft 80 bis 95 Prozent der Bewerber in der Vorauswahlphase aus dem Bewerbungsprozess herausfallen, zeigt jedoch ihre besondere Relevanz im Rekrutierungsprozess (Mell 1993: 310). Wie im Folgenden deutlich werden wird, verschwimmt die alte Grenze zwischen Personalvorauswahl und Personalauswahl beim Einsatz von interaktiven Kommunikationswegen, wie zum Beispiel dem World Wide Web. Dort können bereits ohne ein persönliches Treffen mit dem Kandidaten weitere Verfahren angewandt werden, die im klassischen Konzept eigentlich der Personalauswahl zugeordnet werden müssten.

In die Beurteilung der Bewerber gehen in der Regel das Bewerbungsschreiben, das Bewerberfoto, der Lebenslauf sowie die eingereichten Zeugnisse ein. Teilweise wird auch ein Personalfragebogen verwendet oder Referenzen bzw. Arbeitsproben angefordert (Rastetter 1996: 173ff.). Die Beurteilungskriterien ergeben sich dabei aus den Anforderungen an die Bewerber (siehe oben), wobei häufig in „unabdingbare", „zusätzlich erwünschte" und „über die Erwartungen hinaus gehende" Anforderungen unterschieden wird um den (eventuellen) Wunschkandidaten zu charakterisieren (Liebel / Oechsler 1994: 76).

Ziel der Vorauswahl ist es also, aufgrund der Bewerberunterlagen zu einer Klassifizierung der Kandidaten in formal ideale bis ungeeignete Bewerber zu kommen und aus ökonomischen Gründen offensichtlich ungeeignete Bewerber (also solche die zum Beispiel eine verlangte Sprache nicht sprechen) aus dem Bewerbungsprozess herauszufiltern und in hohem Maße geeignete Kandidaten für die Endauswahl bereitzustellen (Liebel / Oechsler 1994: 75; Mell 1993: 310; Herrmann 1996: 29f.). Die angewandten formalen Kriterien sollten sich dabei aus dem Anforderungsprofil an den Bewerber ergeben (siehe oben). In der Praxis erfolgt die Beurteilung der Bewerberunterlagen jedoch häufig nach rein subjektiven Kriterien (Schuler / Frier / Kauffmann 1993: 14).

Der Vorauswahl folgt die endgültige *Auswahl,* deren wissenschaftliche Grundlage die Eignungsdiagnostik ist, die sich vor allem damit beschäftigt, wie der Eignungsgrad eines Individuums festgestellt werden kann (Rastetter 1996: 50). Im Prozess der Personalauswahl können verschiedene Instrumente, auch nebeneinander, eingesetzt werden, zum Beispiel ein Vorstellungsgespräch, Tests, Arbeitsproben, Übungen oder das Assessment Center, eine Kombination aus verschiedenen Auswahlmethoden (zum Beispiel Finzer/Mungenast 1992: 1588ff.; Berthel 2000: 182f.). Im Folgenden werden die für das Ziel dieser Arbeit relevanten Methoden der Personalauswahl näher erläutert, also die Verfahren diskutiert, die , in unveränderter oder abgewandelter Form, auch auf der Personalhomepage eingesetzt werden können.

Begonnen wird mit dem *Biographischen Fragebogen*, einem standardisierten Instrument, mit dessen Hilfe soziodemographische Daten, Einstellungen, bisherige Erfahrungen, berufliche Entwicklungen, Aktivitäten und Interessen einer Person erfasst werden können (Stehle 1983: 4). Auf den ersten Blick erscheint die Methode dem „normalen" Bewerbungsunterlagen-Screening stark zu ähneln. Es gibt jedoch einen wesentlichen Unterschied: Während Prognosen aus dem Bewerbungsunterlagen-Screening auf Analogie- oder Induktionsfolgerungen[10] gründen, beruht die Methode des Biographischen Fragebogens allein auf dem empirisch ermittelten Zusammenhang zwischen biographischen Daten und Erfolgskriterien (Hollmann / Reitzig 1990: 363f.). Dieser Zusammenhang wird in der Regel intern ermittelt. In gleicher Funktion tätige überdurchschnittlich erfolgreiche Mitarbeiter werden mit durchschnittlich erfolgreichen verglichen und ihre Antworten auf die standardisierten Fragen nach signifikanten Unterschieden untersucht. Die so ermittelten (trennscharfen) Fragen werden dann mit einer Gewichtung versehen und in den Fragebogen aufgenommen, der dann mittels eines standardisierten Schemas ausgewertet wird (Weuster 1988: 327). Auf das empirische Konstrukt bezieht sich auch der größte Teil der Kritik am Biographischen Fragebogen, da er nur mangelhaft theoretisch fundiert ist. So zieht STEHLE (1983: 99) den Vergleich zur „Schrotschussmethode": man kann davon ausgehen, dass bei vielen trennscharfen Fragen auch einige leistungsrelevante dabei sein müssen.

Ein weiteres Auswahlverfahren ist die Einbeziehung von *Arbeitsproben*. SCHULER / FUNKE (1989: 301) definieren diese als „standardisierte Aufgaben, die inhaltlich valide und erkennbar äquivalente Stichproben des erfolgsrelevanten beruflichen Verhaltens darstellen". Es wird also durch eine Induktionsfolgerung von einer Arbeit direkt auf zukünftiges berufliches Verhalten geschlossen (Schuler / Funke 1989: 302; Downs 1989: 393). Ihren Ursprung hat die Arbeitsprobe – deren Entwicklung auf die deutsche Eignungsdiagnostik der 20er Jahre zurückzuführen ist – eher bei Tätigkeit aus dem handwerklichen oder technischen Bereich. In letzter Zeit werden Arbeits-

---

[10] Analogiefolgerung: Man folgert von Daten des Bewerbers auf eine bestimmte Eigenschaft (zum Beispiel Intelligenz), von der man Ausgeht, dass sie in einem kausalen Bezug zum Erfolgskriterium steht. Induktionsfolgerung: Man folgert von diagnostischen Daten direkt auf zukünftiges Arbeitsverhalten.

proben aber auch immer häufiger zur Simulation von Führungsaufgaben verwendet (zum Beispiel Gruppendiskussionen oder Management-Simulationen) (Brambring 1983: 434; Obermann 1992: 302ff.).

Eine – in der Abgrenzung gegenüber Arbeitsproben nicht unproblematische - weitere Methode sind die *psychologischen Tests* (oft synonym auch psychometrische Tests (zum Beispiel Berthel 2000: 188)). BRANDSTÄTTER (1989: 82) definiert den psychologischen Test als ein standardisiertes, routinemäßig anwendbares Verfahren zur Messung individueller Verhaltensmerkmale, aus denen wiederum Schlussfolgerungen auf Eigenschaften der betreffenden Person und darauf basierend auf ihr Verhalten in anderen Situationen gezogen werden können. Ihre Verwendung basiert auf zwei Annahmen. Erstens müssen messbare Charakteristika in signifikant unterschiedlichem Ausmaß bei den Bewerbern vorhanden sein. Zweitens muss zwischen diesen Charakteristika und der zukünftigen Tätigkeit ein Zusammenhang bestehen, der es ermöglicht, aus dem Testergebnis auf den zukünftigen Erfolg des Probanden zu schließen (Weinert 1987: 231). Die Abgrenzung gegenüber Arbeitsproben liegt also in der zusätzlichen Konstruktion der Eigenschaftsebene, die bei der Verwendung von Arbeitsproben nicht erfolgt (Schuler / Funke 1989: 302). Nach LIENERT (1994: 14f.) lassen Tests sich am besten nach den zu messenden Eigenschaften trennen. Er unterscheidet zwischen Intelligenztests, Leistungstests und Persönlichkeitstests. Diese Unterscheidung ist jedoch nicht überschneidungsfrei, da zum Beispiel die Intelligenz auch ein Teil der Persönlichkeit ist.

Intelligenztests versuchen, je nach zugrunde gelegter Intelligenzdefinition oder –theorie, die intellektuelle Leistungsfähigkeit des Probanden zu bestimmen (Daumenlang 1990: 428). Man unterscheidet zwischen allgemeinen und speziellen Intelligenztests, wobei allgemeine die Intelligenz in ihrer Gesamtheit, spezielle nur einen bestimmten Bereich darstellen sollen. Intelligenztests werden häufig verwendet, was auf der – nicht unumstrittenen – Hypothese beruht, dass ein intelligenter Bewerber einem weniger intelligenten in jedem Fall überlegen ist (Weinert 1987: 232; Finzer / Mungenast 1992: 1589).

Mit der Verwendung von *Leistungstests* soll versucht werden, sensorische, motorische oder psychische Leistungsfähigkeit darzustellen (Hentze 1994: 284f.). Sie finden häufig im industriellen oder handwerklichen Bereich Anwendung. So können unter anderem Merkmale wie Gehörsinn oder Muskelkraft getestet werden (Berthel 2000: 189).

Eine relativ heterogene Gruppe von Verfahren stellen die *Persönlichkeitstests* dar. Bei ihnen handelt es sich um Instrumente zur Erfassung von zum Beispiel emotionalen, motivationalen oder zwischenpersönlichen Charakteristika, mit deren Hilfe entschieden werden kann, ob ein Bewerber die für die Ausübung einer speziellen Tätigkeit notwendigen Fähigkeiten besitzt (Weinert 1990: 422). Ihr Einsatz wird damit begründet, dass die häufigsten und schwierigsten Probleme im Arbeitsalltag weniger fachlicher, sondern vielmehr persönlicher und zwischenmenschlicher Natur seien (Obermann 1992: 138ff.; Weinert 1987: 233).

Abschließend soll noch ein letztes Auswahlverfahren kurz dargestellt werden: Das *Assessment – Center*. Es steht hier ganz bewusst am Ende des Abschnitts, da es sich vor allem dadurch auszeichnet, dass es mehrere Auswahlmethoden kombiniert und versucht, Stärken und Schwächen einzelner Methoden zu einem positiven, umfassenderen Resultat zu verbinden (Berthel 2000: 144). Für das Assessment-Center ist charakteristisch, dass eine Gruppe von Kandidaten aufgrund einer Reihe von Verfahren durch mehrere Beobachter hinsichtlich vorher definierter Anforderungen beurteilt wird, wobei mindestens ein angewendetes Verfahren eine Arbeitsprobe sein sollte (Jeserich 1981: 33f.; Feltham 1989: 401). In der Regel werden unternehmensspezifische Aufgaben bearbeitet und der Erfolg von Führungskräften beurteilt (Jetter 1996: 23; Heymann / Schuster 1998: 97). Es wird vor allem für die Beurteilung von Führungsnachwuchskräften eingesetzt, da hier neben den fachlichen auch soziale und kommunikative Kompetenzen von besonderer Bedeutung sind (Ullrich 1993: 398).

Aufgrund der Zielsetzung dieser Arbeit stellt der hier endende Abschnitt die Grundlage für eine intensive Betrachtung der Personalauswahl auf der Personalhomepage dar. Deshalb werden Methoden der Personalauswahl, die nicht auf das Medium Internet übertragbar sind bzw. dort (zum Beispiel aus Effizienzgründen) nicht angewandt werden, wie zum Beispiel das graphologische Gutachten oder das Vorstellungsgespräch, hier nicht tiefergehender beschrieben.

2.4 Erfolgskontrolle der Personalrekrutierung

In folgendem Abschnitt werden die Möglichkeiten der Erfolgskontrolle von Rekrutierungsmaßnahmen vorgestellt und diskutiert. Es wird dabei zwischen der Messung des Personalwerbeerfolgs, der Messung des Personalauswahlerfolges und der Kontrolle des gesamten Prozesses des Personalrekrutierens unterschieden.

2.4.1 Kontrolle des Personalwerbeerfolges

Im Vergleich zur Konsumgüterwerbung befindet sich die Erfolgskontrolle der Personalwerbung noch im Anfangsstadium und eine Intensivierung der Bemühungen auf diesem Gebiet erscheint nach wie vor erforderlich (Schneider 1995: 40). Analog zur Werbung für Konsumgüter, lässt sich der Erfolg auch bei Personalwerbemaßnahmen nur schwierig ermitteln (Reich 1992: 19). Die erfolgreiche Stellenbesetzung als Hauptkriterium anzusetzen erscheint nicht sinnvoll, da sie eher den Erfolg des gesamten Prozesses der Personalrekrutierung, als den Erfolg des Teilprozesses Personalwerbung widerspiegelt und zudem der Erfolgsgrad einer Stellenbesetzung nur schwer darzustellen ist (Lewis 1985: 129). Nach WUNDERER (1975: 1702ff.) erscheint daher eine Erfolgskontrolle in Anlehnung an die Teilfunktionen der Personalwerbung am sinnvollsten (siehe Kapitel 2.2.).

Eine Kontrolle der *Informationsfunktion* erscheint schwierig, da vor allem bei dieser Funktion starke Interdependenzen mit den weiteren Funktionen der Personalwerbung bestehen. Eine alleinige Bewertung des Erfolges ist hier also kompliziert. WUNDERER (1975: 1702f.) verzichtet deshalb auf die Erfolgsbewertung der Informationsfunktion. Es sei hier jedoch darauf hingewiesen, dass Menge und Struktur der angebotenen Information durchaus kontrollierbar sind[11] und sich aus diesen beiden Faktoren zumindest theoretische Schlüsse auf den Erfolg der Informationsfunktion ziehen lassen.

Die *Akquisitionsfunktion* hat Einfluss auf den quantitativen Erfolg einer Werbemaßnahme. Ihr Erfolg kann über die Anzahl der Bewerber als Antwort auf eine Werbe-

[11] So zum Beispiel durch eine Analyse der Stellenanzeigen.

maßnahme ermittelt werden (Rastetter 1996: 146). Die *Selektionswirkung* der Personalwerbung zeigt sich in ihrem qualitativen Erfolg. Als Kennzahl hierfür lässt sich die Relation der geeignet erscheinenden Bewerber zur Gesamtzahl der eingetroffenen Bewerbungen verwenden (Schneider 1995: 43). Akquisition und Selektion sind notwendige Voraussetzungen, die *Aktionsfunktion* veranlasst potentielle Bewerber zu einer konkreten Bewerbung. Ausschlaggebend für die Aktivierung ist die Gestaltung der Bewerbungsmodalitäten: Einfache Bewerbungswege (zum Beispiel Telefon, Internet) unterstützen die Aktionswirkung, höhere formale Anforderungen an die Bewerbung (zum Beispiel zusätzliche Empfehlungsschreiben etc.) unterstützen wiederum die Wirkung der Selektionsfunktion (Wunderer 1975: 1702; Kompa 1984: 31f.). WUNDERER (1975: 1705) definiert die zeitliche Spanne zwischen Startzeitpunkt der Werbemaßnahme und Zeitpunkt der Bewerbungseingänge als Kennwert für die Aktionswirkung. Insgesamt gilt natürlich – wie für jede betriebswirtschaftliche Funktion - auch für die Personalwerbung, dass sie sich an ihrer Kosten-Nutzen-Relation messen lassen muss. Aufgrund der Schwierigkeit, den gesamten Nutzen der Personalwerbung zu erfassen (zum Beispiel Problem der Messung von langfristigen Imageeffekten[12]), wird diese Relation über das Kriterium der kurzfristigen relativen Kosten der Personalwerbung ermittelt.

Abbildung 4: Kontrolle der Personalwerbung

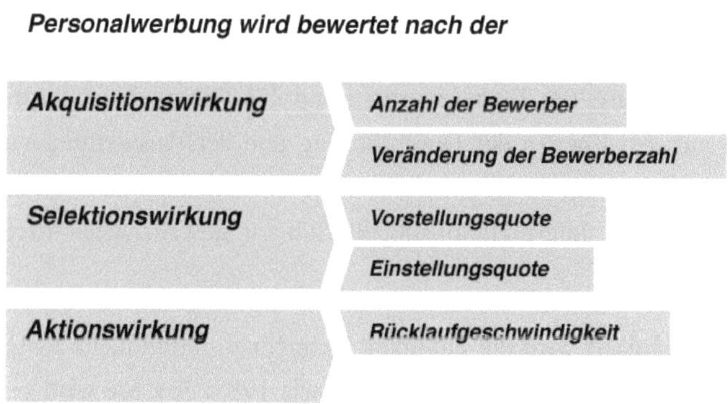

Quelle: Eigene Darstellung

[12] Vgl. hierzu zum Beispiel Bruhn (1995: 197ff.).

Zusammenfassend lassen sich die in Abbildung 4 dargestellten Kennziffern bilden, um Aufschluss über die Effektivität der Personalwerbemaßnahmen zu erhalten, wobei bei der Bewertung auch die jeweilige Lage auf dem Arbeitsmarkt berücksichtigt werden muss (Schneider 1995: 45). Die Akquisitionswirkung wird bewertet, indem die Anzahl der Bewerber oder die Veränderung der Bewerberzahl verglichen wird mit den Bewerbungen, die eingegangen sind, bevor die spezifische Personalwerbemaßnahme vorgenommen wurde. Vorstellungsquote und Einstellungsquote berechnen sich aus der Anzahl der Vorstellungen bzw. Einstellungen im Verhältnis zur Anzahl der Bewerber. Die Rücklaufgeschwindigkeit ist durch den Zeitraum zwischen Werbestart und Bewerbungseingang definiert.

2.4.2 Kontrolle der Personalauswahl

Verfahren der Personalauswahl lassen sich anhand folgender Kriterien beurteilen: Objektivität, Diskriminationsfähigkeit, Reliabilität, Validität, Praktikabilität und Akzeptanz. Natürlich muss auch bei der Kontrolle der Personalauswahl darauf geachtet werden, dass *Kosten und Nutzen* der Auswahl in sinnvoller Relation stehen.

Das Problem der *Objektivität* stellt sich ganz grundsätzlich bei der Beurteilung der Leistung, der Persönlichkeit oder des Verhaltens von Menschen, denn „objektiv betrachtet" urteilt jeder subjektiv (Neubauer 1990: 135). In Anlehnung an LIENERT (1994: 7) soll unter Objektivität der Grad verstanden werden, „in dem die Ergebnisse eines Tests unabhängig vom Untersucher sind". Man Unterscheidet dabei die Objektivität der Testdurchführung, der Testauswertung und der Testergebnisinterpretation. Selbst wenn man auf den Ebenen der Durchführung und der Auswertung vollkommene Objektivität erreicht hat, ist es –zumindest bei komplexeren Testverfahren- in der Regel schwierig hohe Interpretationsobjektivität zu gewährleisten (Schneider 1995: 66).

Mit *Diskriminationsfähigkeit* wird die Fähigkeit bezeichnet, individuelle Unterschiede zwischen den Bewerbern zu diagnostizieren (Lewis 1985: 56). Sie wird gelegentlich auch als Differenzierungsvermögen bezeichnet (Kompa 1984: 55). Ihre Bedeutung erhält sie vor allem im Zusammenhang mit Tests. Hier muss darauf geachtet werden, dass die Aufgaben nicht zu schwer oder zu leicht sind und von keinem bzw. allen Probanden gelöst werden, da ein Test in diesem Fall nicht zwischen den Kandidaten differenziert (Kompa 1984: 55).

LIENERT (1994: 9) definiert *Reliabilität* als den Grad der Verlässlichkeit und Stabilität, mit dem ein Verfahren ein bestimmtes Merkmal misst, gleichgültig ob dieses Merkmal wirklich gemessen werden soll. Ob ein Verfahren reliabel ist, wird entweder durch die Paralleltestmethode (zwei Gruppen von Probanden durchlaufen das gleiche Verfahren, die Ergebnisse werden korreliert) oder durch die Testwiederholungsmethode (eine Gruppe durchläuft den selben Test zweimal, die Ergebnisse werden korreliert) ermittelt (Rastetter 1996: 205). Ein eignungsdiagnostisches Verfahren sollte mindestens einen Reliabilitätskoeffizienten von r=0,8 aufweisen (Liebel 1989: 287).

Unter *Validität* wird der Grad der Genauigkeit gemessen, mit dem ein Verfahren dasjenige Persönlichkeitsmerkmal oder diejenige Verhaltensweise tatsächlich misst, das gemessen werden soll (Lienert 1994: 10). Zur Prüfung von Auswahlmethoden steht die Vorhersagevalidität (prädiktive Validität) im Mittelpunkt, da sie eine Aussage darüber ermöglicht, inwieweit von gegenwärtigen Bewerberdaten auf zukünftiges Verhalten geschlossen werden kann (Kompa 1984: 68).

Die *Praktikabilität* beschäftigt sich mit der Frage, in wiefern ein Personalauswahlverfahren auch durchführbar (praktikabel) ist. Mögliche Einschränkungen ergeben sich zum Beispiel aus dem Betriebsverfassungsgesetz, aus finanziellen Gesichtspunkten oder aus dem benötigten Zeitaufwand (Berthel 2000: 191ff.). Neben der Praktikabilität stellt die *Akzeptanz* ein zweites, praktisches Kriterium dar (Rastetter 1996: 304ff.). Um ein eignungsdiagnostisches Verfahren anwenden zu können, muss es auch von den Bewerbern akzeptiert werden. Dementsprechend muss bei der Entscheidung über die Verwendung eines Auswahlverfahrens berücksichtigt werden, ob die Bewerber mit dem Verfahren einverstanden sind (Schneider 1995: 73).

3 PERSONALREKRUTIERUNG ÜBER DIE PERSONAL-HOMEPAGE

Die Verbreitung des Personalcomputers und die fortschreitende Verbreitung des Internet hat starke Auswirkungen auf die Personalrekrutierung. So veränderte die Technologisierung der Arbeitswelt einerseits natürlich die Stellenanforderungen und damit die Anforderungen an den Stelleninhaber (zum Beispiel Jansen 1997: 128). Andererseits bietet sich jedoch auch die Möglichkeit, die Prozesse der Personalrekrutierung auf die Fähigkeiten der neuen Technologien auszurichten (zum Beispiel Bartram 1989: 369; Ott 1998: 5; Porter 2001: 75). Eine solche Möglichkeit ist die Personalrekrutierung mit Hilfe des Internet, deren Spezialform der Personalrekrutierung über die Personalhomepage im Folgenden tiefergehend erarbeitet wird.

Das Kapitel beginnt mit einem Abschnitt, der das Internet und seine Dienste näher beleuchtet. Darauf wird kurz in die allgemeinen Möglichkeiten der Personalrekrutierung im Internet eingeführt und dann die Personalrekrutierung über die Personalhomepage im Speziellen näher erörtert.

3.1 Das Internet: Grundlagen und Dienste

Zu Beginn des 21. Jahrhunderts stehen Wirtschaft und Gesellschaft vor grundlegenden Veränderungen, deren Motor die Informations- und Kommunikationstechnologie ist. Die sogenannten „Neuen Medien“, allen voran das Internet, haben durch die Weiterentwicklung der zugrundeliegenden Technologien Anwendungs- und Einsatzpotentiale erlangt, die in ihren Auswirkungen auf Wirtschaft und Gesellschaft intensiv diskutiert werden und als Wegebereiter, sogenannte „Enabler“, der Informationsgesellschaft gelten (Wirtz 2000: 238). NEGROPONTE (1995: 32) erwartete, dass die globale Vernetzung zur radikalen Individualisierung und Personalisierung unserer Informations- und Kommunikationsmöglichkeiten führe, wodurch Organisationshierarchien abgebaut, Gesellschaften globalisiert und Kontrollen dezentralisiert werden.

In diesem Abschnitt wird ein kurzer Überblick über die Grundlagen des Internet gegeben. Es muss dabei darauf hingewiesen werden, dass eine Beschreibung des Internet aufgrund des rasanten technischen Fortschrittes und der exponentiell steigenden Nutzerzahlen niemals vollständig oder gar exakt erfolgen kann.

Die Ursprünge des Internet liegen, wie bei vielen Entwicklungen im Bereich der Hochtechnologie, in militärischen Forschungsprojekten (Beck / Prinz 1999: 11). Ziel des militärischen Forschungsprojektes war es, ein Kommando- und Überwachungsnetzwerk zu entwickeln, das auch nach einem Atomschlag und der Zerstörung von großen Teilen seiner Infrastruktur weitestgehend funktionsfähig bleiben sollte (Kyas / a Campo 2001: 33). Dies wurde erreicht, indem man ein Kommunikationsnetzwerk ohne Zentralcomputer erdachte: ein einheitliches Übertragungsprotokoll (TCP/IP: „Transmission Control Protocol / Internet Protocol") und eine spezielle Adresse für jeden Teilnehmer ermöglichen die dezentrale Kommunikation zwischen zwei Computern bzw. Netzwerken (zum Beispiel Hermanns / Sauter 1999: 17; Hahn 2001: 13). Dieses Konzept ist in seinen Grundzügen noch heute erhalten und wurde auf alle Kontinente ausgeweitet.

Technisch verläuft die Kommunikation über ein komplexes Konglomerat von hierarchisch strukturierten Datenmietleitungen, wobei Transkontinentalkabel und Satelliten die Kontinente verbinden und sich an diese die nationalen Datennetze ankoppeln (Kyas / a Campo 2001: 61). In diesen nationalen Datennetzen wiederum sind dann über Einwahlpunkte (sogenannte Points of Presence) regionale Netzwerke bzw. Endkunden an das Internet angeschlossen (Haselier/Fahnenstich 2000: 33).

3.1.1 Die Dienste des Internet: Email

Bereits seit den Anfängen des Internet gibt es Email[13] als Basisdienst des Internet (Köhler / Best 1998: 13; Gardon 2000: 54)[14]. Die außerordentliche Leistungsfähigkeit des Mediums wurde in den Anfängen des Internet gar nicht in seiner gesamten Tragweite erkannt, wurde jedoch binnen kürzester Zeit eines der zentralen Elemente des Internet und wird heute vor allem in der Kommunikation zwischen Unternehmen als unentbehrlich angesehen (Kyas / a Campo 2001: 135). Email ermöglicht den Aus-

[13] Eigentlich: Electronic Mail oder elektronische Post.

[14] So schickte zum Beispiel Königin Elisabeth II. bereits 1976 bei einem Staatsbesuch eine Email aus den USA nach England (Müller et al. 2001: 124).

tausch von Textnachrichten aber auch jeder anderen Form von elektronischen Daten (zum Beispiel Bilder, Audio, Software etc.) zwischen Personen oder Institutionen (Wirtz 2000: 240). Sie besteht im wesentlichen aus einem Kopf- und einem Textteil sowie einem Anhang (ein Anhang besteht nur, wenn weitere elektronische Daten an die Email „angehängt“ wurden) (Berres 1999: 44). Eine zusammenfassende Übersicht über die Fähigkeiten der Email liefert Abbildung 5:

Abbildung 5: Fähigkeiten elektronischer Post

EMAILS KÖNNEN

- abgespeichert werden,
- an mehrere Adressaten gleichzeitig gesendet werden,
- ergänzt und weitergeleitet werden,
- verschlüsselt und digital unterschrieben werden (Vertraulichkeit und Authentifikation),
- sehr schnell übertragen werden.

Quelle: Eigene Darstellung in Anlehnung an Kyas / a Campo (2001: 136).

Der Datenschutz bei Email ist im Vergleich zu anderen Medien (zum Beispiel Telefon, Briefpost) kaum gewährleistet, da die Email nach Versand eine relativ vorhersagbare Route über fremde Netze und Rechner nimmt, deren Sicherheit zumindest fragwürdig sein kann (Krol 1996:120).

3.1.2 Die Dienste des Internet: World Wide Web

Ein Hauptproblem aus Nutzersicht war zu Beginn der Anwendung des Internet vor allem die mangelnde Benutzerfreundlichkeit (zum Beispiel Kyas / a Campo 2001: 27; Beck / Prinz: 1999: 22). Die Verbreitung des Internet, auch unter den durchschnittlichen PC-Anwendern, wurde erst durch die Entwicklung des World Wide Web (auch: WWW, Web, W3, 3W oder W^3) ermöglicht. Zuvor musste man sehr gute technische Kenntnisse besitzen, um die gewünschten Daten im Internet abrufen zu können (zum Beispiel Klein 1997: 24; Halba 2000: 17; Mocker / Mocker 1997: 49). Das World

Wide Web basiert auf einem Client-Server-Konzept und ermöglicht es Texte, Bilder, Töne und Videos unkompliziert mittels eines sogenannten „Web Browsers“ für den Nutzer verfügbar zu machen (Kalmring 1996: 49; Berres 1999: 52)[15]. Client-Server-Konzept bedeutet hierbei, dass der Web Browser des Informations-Nachfragers (Client) eine „Anfrage“ an den Computer (Server) schickt, der die gewünschten Daten enthält. Dieser bearbeitet und beantwortet sie, das Ergebnis wird dann wieder vom Client ausgewertet und präsentiert (Kyas / a Campo 2001: 165f.). Das Verbinden von Dokumenten per Hyperlink, also der direkte Verweis von einem Dokument (Page) auf ein weiteres, ist eine weitere grundlegende Eigenschaft des World Wide Web (Gardon 2000: 53). Es ermöglicht dem Nutzer sich unproblematisch Zugang zu Referenzen oder weiteren Information zu verschaffen (Schmidt / Döbler / Schenk: 2000: 28). Natürlich besteht auch die Möglichkeit über die direkte Eingabe einer WWW Adresse eine bestimmte Seite aufzurufen. Diese Adresse ist für jeden Rechner im Netzwerk eindeutig und setzt sich aus dem Namen der Homepage, dem verwendeten Protokoll, dem Servernamen und der Topleveldomain zusammen (zum Beispiel http://www.namederfirma.de/) (Kyas / a Campo 2001: 219f.; Krause 2000: 55).

Weiterhin ermöglicht das World Wide Web über Zusatzprogramme die Kommunikation mit dem Nutzer (Wirtz 2000: 241). Zusammenfassend stellt sich das WWW als plattformunabhängiger, interaktiver und multimedialer Hyperlinkservice für verteilte Systeme dar, in dem Dokumente direkte Verweise auf andere Dokumente an beliebiger Stelle im Internet enthalten (Bienert 1998: 393). Die aus der Einführung des WWW resultierende Vereinfachung und Nutzensteigerung für den Anwender ist hauptverantwortlich für den „Boom“, den das Medium in den letzten Jahren erlebte (Krause 2000: 73; Zillesen / Dömer 2000: 3f.). Das Prinzip des World Wide Web (Multimedia und Hyperlinks) erklärt auch Abbildung 6:

[15] Deshalb wird das WWW auch als „hypermedial“ bezeichnet (zum Beispiel Berres 1999: 51).

Abbildung 6: Das Prinzip des World Wide Web

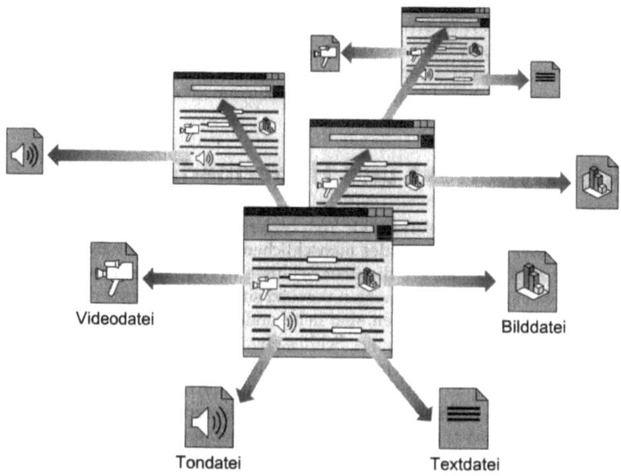

Quelle: Kyas / a Campo (2001: 212).

Unternehmen nutzen heute das WWW vor allem in der Anbahnungs- bzw. Informationsphase und der Vereinbarungsphase ihrer Transaktionen (Klein 1997: 24). Rechtliche Lücken und Probleme in der Abwicklungsphase haben eine Nutzung in allen Transaktionsphasen bisher verhindert (Münster 2001: 84 / Afif 2001: 82). Die wesentliche Plattform zur Selbstdarstellung des Unternehmens im WWW ist dabei die unternehmenseigene Homepage (Barowski / Müller 2000: 31). Sie ist das Spiegelbild der Unternehmung im World Wide Web und soll ihre Corporate Identity (Unternehmensidentität) widerspiegeln und den „Besucher“ zur erneuten Kommunikation mit dem Unternehmen anregen (Gardon 2000: 222 / Berndt 1995: 274ff.; Köhler et al. 1999: 122). Die Notwendigkeit zum Kommunikationsanreiz ergibt sich aus den Fähigkeiten des WWW und der daraus resultierenden neuen Kommunikationsstruktur zwischen Informationsanbieter und Informationsnachfrager, die vor allem auf der Individualisierung der Informationsnachfrage basiert (Frindte 1999: 15). Der User einer Homepage besucht diese demzufolge in der Regel mit einem bestimmten kommunikativen Wunsch, zum Beispiel Information, Kauf oder Bewerbung, dessen Erfüllung das Ziel des Unternehmens sein sollte (Peters / Kabel 2000: 50f.).

Parallel zu World Wide Web und Email gibt es weitere Anwendungen (zum Beispiel Internet Related Chat, File Transfer Protocol etc.), die sich auch mit dem WWW verknüpfen lassen. Sie werden hier jedoch nicht weiter erwähnt, da sie für die Zielsetzung dieser Arbeit nicht relevant sind. Ein tabellarischer Überblick über die Nutzer des Internet in den untersuchten Ländern befindet sich in Kapitel 6.1.

3.2 Personalrekrutierung über das Internet

In den letzten drei Jahren hat die Rekrutierung von Personal über das Internet stark zugenommen und viele Entwicklungen, die sich mit dem oder auch durch das „E-Business" vollzogen haben, finden sich auch in den Personalbereichen der Unternehmen wieder (Bednarczuk / Hartl 2000: 20; Bolles 1999: 2; N.N. 2000a: 28). Aufgrund dieser Nähe zum „Electronic Commerce" wird die Personalrekrutierung über das Internet –in Anlehnung an B2B (Business to Business)- auch B2A, Business to Applicant genannt (Jäger / Jäger 2001: 72). Allein in den USA existierten bereits 1999 etwa 28.500 Job-Boards im Internet, also Webpages, auf denen Stellenangebote ausgeschrieben werden (Otte 1999: 23). Die Unternehmen verbinden folgende Hoffnungen mit der Rekrutierung im Internet: Zeitersparnis, Kosteneinsparung, Imagegewinn und Globale Verbreitung (zum Beispiel Giesen / Jüde 1999: 64; Jäger 1998: 111; Riederer von Paar / Braun 1998: 47; Borck 2000: o.S.). Vor allem in der Möglichkeit die Daten der Bewerber aus dem Internet direkt in die internen Datennetze einzuspeisen werden Effizienzvorteile gegenüber der Bewerbung auf dem Postwege gesehen. Darüber hinaus führen die interaktiven Fähigkeiten des Mediums auch zu verbesserten Möglichkeiten im Bereich der Personalwerbung (Richter / Brengmann 2001: 56; Fleiner / Petri 2000: 132; Fröhlich - Krummenauer / Bruns 2000: 542).

Mittlerweile zeigen 90% der Unternehmen im „Fortune Global 500 Index" offene Stellen auf ihrer Homepage an, und das, obwohl der Internetrekrutierung noch vor wenigen Jahren ein schnelles Ende vorausgesagt wurde (iLogos Research 2000: 2; Gronwald 1997: 300ff.; Scholz 1997a: 298). LEONARD (2000: 37) und STAUFENBIEL / GIESEN (2000: 14) haben in ihren jeweiligen Studien zwar eine etwas geringere Anzahl an Unternehmen, die das Internet für die Personalrekrutierung nutzen, ausgewiesen (jeweils etwa 70%), den starken Aufwärtstrend bestatigen jedoch auch sie. Es muss allerdings auch erwähnt werden, dass die erhofften Effektivitätsgewinne in vielen Fällen noch nicht eingetreten sind. KUMAR / MOHR (2000: 251) begründen dies zum Beispiel durch die fehlende Erfahrung der Unternehmen mit dem Medium und der fehlenden Integration computergestützter Geschäftsabläufe. SCHOLZ (1997b: 241) weist darauf hin, dass vor allem die Stimmigkeit des Einsatzes der Personalrekrutierung über das Internet mit der Personalstrategie des Unternehmens den Erfolg bzw. den Misserfolg eines Einsatzes bestimmt.

Es können verschiedene Rekrutierungswege im Internet unterschieden werden, zum Beispiel die Rekrutierung über externe Jobbörsen, Career Networks, Newsgroups, Chats, aktive Bewerbersuche und die Rekrutierung über die Personalhomepage. Letzterem wird dabei die größte Relevanz in der Zukunft zugesprochen, da es einfache Möglichkeiten zur Datenverknüpfung mit internen Systemen gibt und weitere Zusatzangebote einfach in das Angebot mit aufgenommen werden können. Dieses Angebot liegt dabei allein in Händen des Unternehmens und bietet die besten Möglichkeiten zur umfassenden Unternehmensdarstellung (Detken / Pohl 2000: 24; Finn 2000: 43; Thomas 2000: o.S.). Somit ist dieser Rekrutierungsweg über das Internet in der Regel für das Unternehmen billiger, aktueller und authentischer (Scholz 1998: 428).

Im Folgenden werden die Einsatzmöglichkeiten der Personalhomepage in der Personalwerbung, der Personalvorauswahl und der Erfolgskontrolle näher erläutert. Bereits in Kapitel 2.1. wurde darauf hingewiesen, dass Personalwerbung und Personalauswahl nicht überschneidungsfrei sind. Die folgenden Abschnitte bieten hierfür ein gutes Beispiel.

3.3 Personalwerbung über die Personalhomepage

In Abschnitt 2.3. wurden die Funktionen der Personalwerbung (Informations-, Akquisitions-, Selektions- und Aktionsfunktion) und ihre Aufgaben erarbeitet. An dieser Aufteilung orientiert sich auch dieser Abschnitt. Die dabei oben erarbeiteten Aufgaben und Anforderungen an die Personalwerbung werden an dieser Stelle um die spezifischen Anforderungen und Möglichkeiten des Mediums Internet ergänzt und erweitert.

Vergleicht man die *Informationsmöglichkeiten* einer Internetstellenanzeige zum Beispiel mit denen einer Stellenanzeige in einer Zeitung, so ergeben sich, bedingt durch die Interaktions- und Multimediafähigkeiten des Mediums Internet, gravierende Unterschiede (Jäger 2000: 18). So ist es ohne weiteres möglich, Stellenangebote mit umfangreichen, multimedialen Unternehmensportraits zu verbinden (Giesen / Jüde: 1999: 65). So wäre es zum Beispiel möglich informative Videosequenzen über das Unternehmen im allgemeinen oder über den speziellen Arbeitsplatz anzubieten. Eine Beschränkung erfährt der Einsatz von multimedialen Elementen hierbei durch die momentan noch relativ geringen Datenübertragungsraten im Internet (Peters / Kabel 2000: 50). Parallel zu Informationen über das Unternehmen können auch weitere unternehmensspezifische Informationen zu Themen aus dem Personalbereich, wie zum Beispiel Weiterbildungsmöglichkeiten, Bewerbungshilfen oder Karrierechancen, angeboten werden. Dadurch können Besucher zu häufigeren und länger andauernden Besuchen auf der Website animiert werden (Grimm / Dohne 2000: 36; Köhler 2000: 22)[16]. Darüber hinaus besteht die Möglichkeit zur Personalisierung des Inhaltes für den jeweiligen Anwender: Nach einer Identifikation[17] können dem Nutzer individuell zusammengestellte Informationen, zum Beispiel zu seinem Berufsgebiet oder bestimmten Karrieremöglichkeiten präsentiert werden (Schinzer / Steinacker 2000: 85f.). Ebenso ist es möglich, einen Chat anzubieten (siehe Abbildung 7), in dem interessierte Bewerber mit Firmenangehörigen, zum Beispiel Entscheidern oder Mitgliedern der Personalabteilung kommunizieren können (Heintze 2000: 72).

Aus den vielfältigen Darstellungs- und Informationsmöglichkeiten ergibt sich jedoch auch die Erwartung des Nutzers auf einen hohen Informationsgehalt und einen hohen individuellen Nutzen des Angebotes, so dass die Informationsanbieter die Aktualität und Funktionalität der Seite stets gewährleisten müssen (Schinzer / Thome 2000: 15f.; Zall 2000: 70).

---

[16] Entsprechend des 3C-Ansatzes im Electronic Commerce: Nur ein qualitativ hochwertiger Inhalt (Content) auf einer Webseite erzeugt die kontinuierliche und wiederkehrende Nachfrage der Anwender (Community) und führt in Handelslösungen zum Vertragsabschluss (Contract) (Schinzer / Steinacker 2000: 81).

Abbildung 7: Informations- Chat auf der Personalhomepage von Siemens

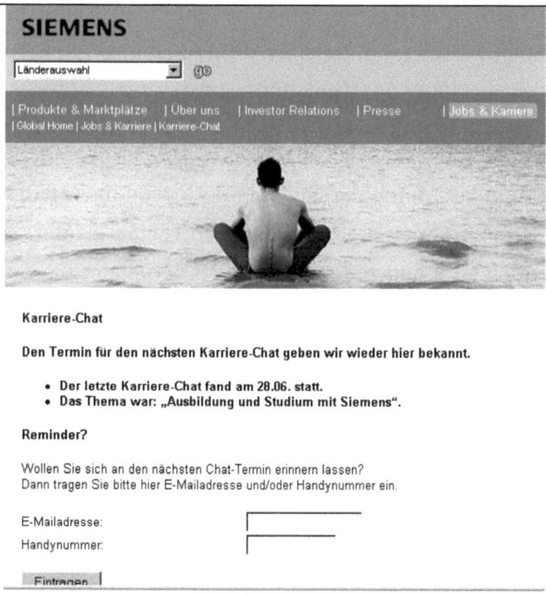

Quelle: http://w4.siemens.de/de/career/country/Karriere_Chat/index.html; 05.09.2001

Die *Akquisitionsfunktion*, also das Schaffen von Interesse, rückt im Internet in den Hintergrund. Ausschlaggebend hierfür ist die bereits oben erläuterte selektive Nutzung der Angebote durch die Nutzer. Es liegt also in der Regel bereits ein Interesse am Unternehmen vor, dass durch die Informationen und die Nutzung der Interaktionsmöglichkeiten auf der Homepage befriedigt werden soll (Riedl 2000: 245). Die Akquisition erfolgt also nicht durch die Homepage, sondern bereits vorher, sei es über klassische (zum Beispiel Printwerbung für die Internetadresse) oder „neue“ (zum Beispiel über sogenannte „Bannerwerbung“[18]) Kommunikationswege (Känzig 1998:

---

[17] Die Identifikation kann entweder über Benutzernamen und Passwort oder über einen Cookie (eine kleine Textdatei, die der Browser im Auftrag des Servers auf der Festplatte des Benutzers speichert) erfolgen (Allen / Kania / Yaeckel 1998: 263).

[18] Das Prinzip der Bannerwerbung verläuft analog zu Werbeplakaten: es werden Werbeflächen auf vielfrequentierten Internet Seiten angemietet und über einen Hyperlink mit der Homepage des Unternehmens verbunden (Kleindl / Theobald 2000: 263).

54f.). Sie kann jedoch durch die Art der Angebote auf der Personalhomepage unterstützt werden. So wird zum Beispiel häufig auf die hohe Akquisitionswirkung von Online-Spielen[19] hingewiesen (zum Beispiel Wild / Fontaine / Schafsteller 2001: 66f.; N.N. 2001b: 54; Crusius 2000: 44; Klink 2001: 144).

Eine intensivere Betrachtung erfordert die *Selektionsfunktion*. Vor allem ältere Quellen sind der Meinung, dass durch die Nutzung des Mediums Internet eine starke Fokussierung auf die Zielgruppe der Hochschulabsolventen erfolgt. Dies wird erklärt durch das, im Vergleich zu anderen möglichen Zielgruppen, intensive Internet Nutzungsverhalten dieser Gruppe (Giesen / Jüde 1999: 64; Jäger 1998: 110; Styppa / Vogel 1998: 118). Dies ist in dieser Stärke heute nicht mehr der Fall, da sich das Internet-Nutzungsverhalten der verschiedenen soziodemographischen Gruppen weltweit immer stärker annähert (Eimeren / Gerhard 2000: 340). Anstelle einer verstärkten Selektionswirkung zeigt sich „in Realitas" häufiger die *umgekehrte* Problematik: Eine auf Unternehmensseite häufig nur schwer zu bearbeitende Bewerberflut (Hays 1999: 80). Dies resultiert aus der Tatsache, dass sich über das Netz innerhalb kürzester Zeit nahezu kostenfrei Hunderte von vorformulierten Bewerbungen versenden lassen (Kinkel 2000: 39). STEPPAN (2000: 35) beschrieb das Problem aus Unternehmenssicht wie folgt: „Eine unkontrollierbare und kaum überschaubare Flut von Bewerbungen überrollte sie – vor allem von Kandidaten, die nicht annähernd dem ausgeschriebenen Stellenprofil entsprachen". Deshalb ist es besonders notwendig, die interaktiven Möglichkeiten, die das World Wide Web zur Vorselektion bietet wirklich zu Nutzen. So bieten bereits mehrere Unternehmen interessierten Kandidaten die Möglichkeit, auf ihrer Personalhomepage zu testen, ob man zu Kultur und Anspruch des Unternehmens passt. Texas Instruments bietet zum Beispiel einen Kultur - Check an, bei dem „Bewerberkultur" und „Unternehmenskultur" verglichen und dem Bewerber präsentiert werden (Bolender 1999: 65, Abbildung 8). So soll eine verstärkte Selbstselektion erreicht werden.

Eine vertiefende Betrachtung der Möglichkeiten zur Personalauswahl findet sich in Kapitel 3.4. Ebenso sei hier auf die oben erläuterte Informationsfunktion und die Möglichkeit der Vorselektion durch Information hingewiesen: Nur wer über die

[19] Weiteres zum Thema Online-Spiele findet sich in Abschnitt 3.2.2.

Stelle und das Unternehmen informiert ist, kann auch abschätzen, ob er für ebendiese ein geeigneter Kandidat ist und dadurch ebenfalls eine Art Selbstselektion betreiben (Thomas 2000: o.S.).

Abbildung 8: „Fitcheck“ bei Texas Instruments

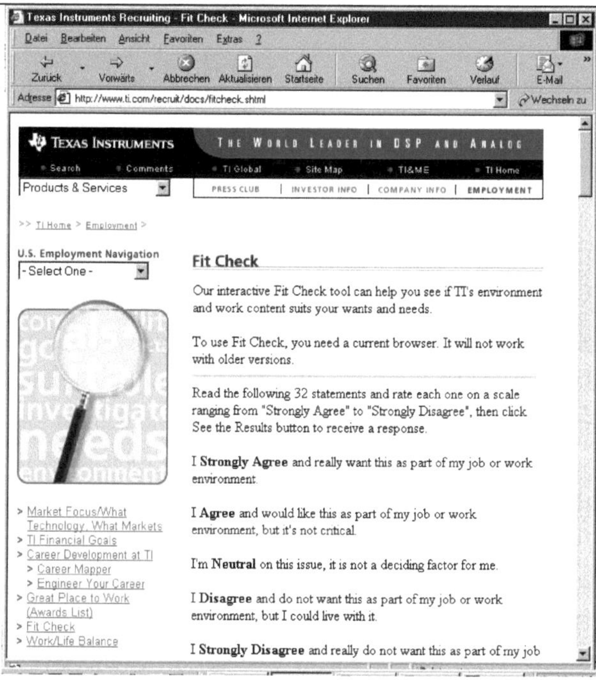

Quelle: http://www.ti.com/recruit/docs/fitcheck.shtml; 05.09.2001

Unter dem Aspekt der *Aktionsfunktion* soll hier vor allem auf die notwendige Nutzerfreundlichkeit und Funktionalität der Personalhomepage hingewiesen werden. Sie sind die Grundsteine der Aktivierung möglicher Bewerber. Es muss zum Beispiel gewährleistet sein, dass der Weg von der Homepage des Unternehmens zur Personalhomepage leicht erkennbar ist, um interessierten Nutzern überhaupt die Möglichkeit zur Bewerbung zu geben (Känzig 1998: 54). Gleiches gilt für die Funktionalität der eigentlichen Bewerbung. Diese muss leicht durchführbar und auch für den Laien verständlich abzuwickeln sein (Döbler 1999: 65f.). Die Möglichkeit der Online-Bewerbung an sich, führt also auch bereits zu einer höheren Aktivierungschance, wobei mehrere Angebote (zum Beispiel einerseits die Möglichkeit sich per Email zu

Bewerben, andererseits ein vorhandenes Formular für die Bewerbung) die Chancen eines Kontaktes verbessern. Ähnliche Ansprüche an die Funktionalität gelten für die Zugänglichkeit von Informationen oder weiterführenden Angeboten des Unternehmens.

3.4 Personalauswahl über die Personalhomepage

Im letzten Kapitel wurden die Einsatzmöglichkeiten der Personalhomepage zur Personalwerbung erarbeitet. Nun soll in diesem Abschnitt erörtert werden, welche Möglichkeiten ebendiese für die Personalauswahl bietet. Dabei werden nach einem kurzen Abschnitt über die Akzeptanz computergestützter Auswahlverfahren, die möglichen Instrumente und Anwendungen zur Personalauswahl über die Personalhomepage näher erarbeitet.

Der Einsatz von Computern als Unterstützung für die Personalauswahl ist nicht erst in Zeiten des World Wide Web ein aktuelles Thema. Seit die Leistungsfähigkeit von Computern die Entwicklung benutzerfreundlicher Anwendungen ermöglichte, wird über ihren Einsatz und dabei eventuell auftretende Probleme diskutiert. JÄGER (1990a: 91) stellt die verschiedenen Sichtweisen der computergestützten Eignungsdiagnostik wie folgt gegenüber: „Die einen sehen einen weiteren Schritt in Richtung der Realisierung einer Technologie verstärkt, die den Menschen aus dem Blickpunkt der Technologie nimmt und die Tendenz zu quantitativem Denken beschleunigt. Die anderen Sehen einen Schritt in Richtung der Demokratisierung einer Technologie gegangen, durch die Denken im Sinne des Logischen diszipliniert und diagnostisches Handeln –auch in der Praxis- kontrolliert werden kann“. Der Widerspruch zwischen den beiden Thesen scheint unüberwindlich zu sein. Die Gegensätzlichkeit verringert sich jedoch, wenn man die Verantwortung des Nutzers zu einem effektiven und verantwortlichen Umgang mit der Technologie mit in Betracht zieht (Booth 1988: 151; Klöckner 1993: 36). Bedenkt man weiterhin, dass der Zeitraum von mehr als zehn Jahren, der seit dem Erscheinen obiger Artikel vergangen ist, in Bezug auf die technologische Entwicklung und ihre Anerkennung (siehe hierzu auch Abschnitt 3.1.) ein extrem langer Zeitraum ist, so schwindet der Gegensatz weiter. So werden heute, wie von JÄGER (1990b: 109) prognostiziert, die positiven Aspekte des Computereinsatzes viel optimistischer angesehen, als mögliche negative Auswirkungen (zum Beispiel Lackes / Mack 1998: 425)[20]. Doch auch heute ist es (fast) einhellige Meinung, dass der Computer den Auswahlprozess nicht komplett übernehmen kann, da sowohl auf Unternehmens- als auch auf Bewerberseite allein durch das Online-Medium nicht genügend Informationen generiert werden können (zum Beispiel Borck 2000: o.S.; Hartmann / Knoll 1998: 48; Interbiznet 2000: 11). So soll auch in dieser Arbeit davon ausgegangen werden, dass nach erfolgter Vorauswahl durch internetgestützte Auswahlinstrumente noch ein persönliches Treffen mit dem Bewerber stattfindet, welches –in welcher Form auch immer- ebenfalls Einfluss auf die Einstellungsentscheidung hat.

Die *Bewerbungsunterlagen – Übergabe* ist die erste Methode im Prozess der Personalauswahl, die durch das Internet sinnvoll unterstützt werden kann, da es sich bei den diesem Prozess vorgelagerten Schritten (wie zum Beispiel der Analyse der Stellenanforderungen) um interne Prozesse handelt. Im Rahmen dieser Arbeit ist es jedoch wichtig zu verstehen, dass die Übergabe der Bewerbungsunterlagen dem eigentlichen Auswahlprozess nur vorgelagert ist. Eine „Auswahl" im Sinne einer Entscheidung für oder gegen einen Bewerber findet hier nicht statt. Da die Übergabe der Bewerbungen jedoch elementar für den Auswahlprozess ist, wird sie hier der Personalauswahl und nicht der Personalwerbung zugerechnet. Im Rahmen der empirischen Untersuchung dieser Arbeit wird die Bewerbungsunterlagen – Übergabe aus diesem Grund jedoch nur insofern berücksichtigt, wie sie sich auf die Aktivierung[21] von Bewerbern auswirkt.

Im Rahmen der *Bewerbungsunterlagen - Übergabe* stellt sich zuerst die Frage, in welcher Form der Lebenslauf beim Unternehmen abgegeben wird. Man unterscheidet dabei generell zwischen der Rekrutierung mit („E-Centric") und ohne („Basic") Möglichkeit sich online zu bewerben (iLogos Research 2000: 2f.). „Basic" bedeutet also, dass nur dargestellt wird, dass und welche Stellen zu vergeben sind, die Möglichkeit sich online zu Bewerben besteht jedoch nicht. Ist es möglich sich auch online

[20] So wird der Computer zum Beispiel häufig für die Erstellung strukturierter Auswahlinterviews verwendet (Jetter 1998: 43).

[21] Siehe Kapitel 3.3.

zu bewerben, gibt es verschiedene Möglichkeiten die „Übergabe" der Bewerbung an das Unternehmen zu vollziehen.

Einerseits kann die *Bewerbung per Email* erfolgen. Hier wird dem Bewerber die Möglichkeit gegeben, eine individuell erstellte Bewerbung an einen Ansprechpartner in der Personalabteilung zu senden. In der Regel ist dieser dann gezwungen, die Bewerbung auszudrucken, also einen erneuten Medienbruch zu vollziehen. Zumindest ist es aber sehr problematisch, die Bewerbung elektronisch weiterzubearbeiten, also zum Beispiel automatisch nach Kernqualifikationen zu durchsuchen (Scherl 2000: 225; Schumann 2001: 64). Sie ermöglicht jedoch eine individuell ausgestaltete Selbstdarstellung und informiert somit u.U. über weitere Eigenschaften des Bewerbers, die sich aus Form und Gestaltung der Bewerbung ergeben.

Eine weitere Möglichkeit besteht darin, ein *standardisiertes Formular zur Abfrage biographischer Daten* auf der Personalhomepage bereitzustellen (zum Beispiel Richter / Brengmann 2001: 56; Jäger / Jäger 2001: 73, Jürgens 2001: o.S.). Aus der Standardisierung ergibt sich der Vorteil, dass die Daten des Bewerbers ohne große technische Probleme durch ein Computerprogramm weiterbearbeitet werden können. So besteht zum Beispiel die Möglichkeit, das Formular nach bestimmten absolut notwendigen Qualifikationen (siehe Kapitel 2.3.) zu durchsuchen und Bewerber, die diese Qualifikation nicht erfüllen, sofort aus dem Bewerbungsprozess auszuschließen. Diese Formulare ähneln teilweise bereits stark den in Kapitel 2.3. diskutierten Biographischen Fragebögen. Da sich nur schwer überprüfen lässt, ob es sich bei der Auswahl der relevanten Kriterien und den aus ihnen hervorgehenden Prognosen um Analogie- bzw. Induktionsfolgerungen oder um empirisch ermittelte Zusammenhänge handelt, lassen sich beide Methoden äußerlich nur schwer differenzieren. Sie werden hier deshalb als Einsatz von *standardisierten Formularen zur Abfrage biographischer Daten* zusammengefasst.

Auch *Arbeitsproben* können über das Internet verteilt, bearbeitet und ausgewertet werden. So verlangt z-B. die Firma ZF Friedrichshafen AG[22] im Rahmen ihres online – Bewerbungsprozesses, dass eine kreative Kleingruppenarbeit von den Bewerbern

---

[22] Auch die ZF Friedrichshafen AG wählt nicht alleine durch das Internet aus, sondern lässt der Internetauswahl ein Assessment - Center folgen.

bearbeitet und präsentiert wird (Lamprecht / Mailahn 1998: 44). Die Kommunikation in der Gruppe wird dabei ständig computergestützt überwacht (Reichert 1999: 16). Parallel zu einer ebenfalls computergestützten Auswertung wird bei ZF Friedrichshafen noch eine Selbstreflexion des Bewerbers erwartet. Ist diese erfolgt, wird dann das Selbstbild des Bewerbers mit dem Fremdbild verglichen (Schwertfeger 2000: 226).

Abbildung 9: Startseite „Challenge Unlimited“

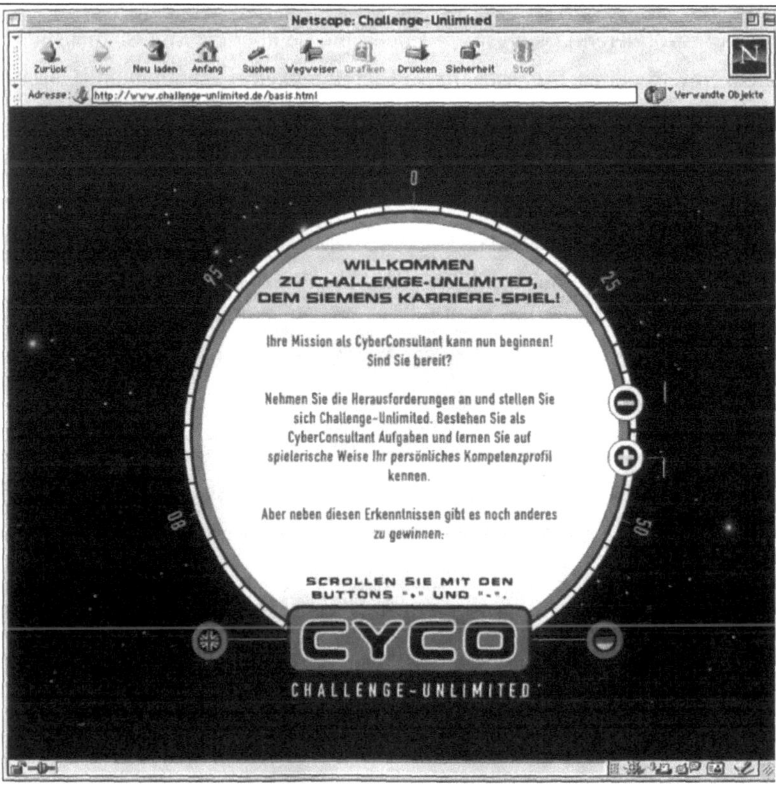

Quelle: http://www.challenge-unlimited.de/basis.html, 30.11.2000

Leistungstest finden im Internet keine Verwendung, ebenso wenig werden reine *Intelligenztests* zur Personalauswahl angeboten, obwohl ihr Einsatz aus technischer Sicht durchaus möglich wäre. Die Form der Rekrutierung über die Personalhomepage mit der momentan wohl höchsten Medienpräsenz ist die Verwendung von interaktiven, multimedialen psychologischen *Persönlichkeits-Tests*. In den Medien werden sie momentan vor allem als *Online-Spiele* bezeichnet. Hier wird versucht, die multimedialen und interaktiven Möglichkeiten des Internet zur Erstellung eines wissenschaftlich fundierten Persönlichkeitstests zu nutzen. So entwickelte zum Beispiel die Siemens AG in Zusammenarbeit mit der ELIGO Personalsoftware AG in Bochum das Spiel „Challenge Unlimited“ (siehe Abbildung 9).

Der interaktive und multimediale Spielverlauf stellt den Spieler vor verschiedene Aufgaben (Tests), deren Lösungsform Rückschlüsse über die von Siemens als Kernkompetenzen definierten Eigenschaften (Teamfähigkeit, Lernfähigkeit, Gestaltungsfähigkeit, Ergebnisorientierung und Kundenorientierung) gibt (Wild / Fontaine, Schafsteller 2001: 67; Crusius 2000: 46). Die aus den Tests gewonnenen Daten über die Bewerber[23] wurden durch die Auswertungssoftware „Talent Tracer“ den einzelnen Geschäftsbereichen zugänglich und nach individuellen Kriterien auswertbar gemacht (Wild / Fontaine / Schafsteller 2001: 68). Hier wird ein weiterer interessanter Aspekt der Online-Rekrutierung deutlich: es ist sehr einfach, die Daten von Bewerbern über einen langen Zeitraum[24] zu speichern und dann nach Eignungskriterien zu durchsuchen (Greengard 2000: 78).

Die Commerzbank AG mit ihrem Spiel Hotstaff und die Cyquest Internet AG mit ihrem Spiel „Cyquest“ bieten mittlerweile ein ähnliches Auswahlinstrument wie Siemens an. Bei der Cyquest Internet AG wird jedoch nicht für den Eigenbedarf rekrutiert, sondern im Auftrag fremder Unternehmen[25], und deshalb auch ein viel allgemeineres Bewerberprofil abgefragt (Jürgens 2001: o.S.). Denn das Ziel eines Einsatzes solcher Online-Testverfahren muss es ein, mit speziellen Testverfahren die unternehmens- oder positionsspezifischen Anforderungen abzufragen (Wottawa / Schafsteller / Foerster 2001: 166).

---

[23] Bewerber konnten dabei am Ende des Tests selbst entscheiden, ob Sie ihre Daten für das Unternehmen freischalten.

[24] In Deutschland ist dieser Zeitraum rechtlich auf vier Monate beschränkt, so dass eine Speicherung der Daten nur in Abstimmung mit dem Bewerber möglich ist.

[25] An dem Projekt beteiligt sind Arcor Mannesmann, Audi, Procter & Gamble, PriceWaterhouse-Coopers, Viag Intercom, Volkswagen sowie die Postbank.

Die obigen Ausführungen lassen vermuten, dass es sich bei der Personalauswahl über die Personalhomepage um einen Auswahlweg handelt, der von allen Unternehmen und Bewerbern positiv gesehen wird. Dies ist jedoch nicht uneingeschränkt der Fall. So ist zum Beispiel die Vergleichbarkeit von Online-Bewerbungen mit schriftlichen Bewerbungen noch nicht erforscht[26]. Es ist jedoch bereits bekannt, dass Bewerber im Telefoninterview schlechter bewertet werden als im persönlichen Interview. Vermutlich, da dann die Körpersprache als wichtige Informationsquelle entfällt (Schwertfeger 2000: 232). Weiterhin wird bezweifelt, ob Antworten im anonymen Netz nicht stärker im Sinne der sozialen Erwünschtheit ausfallen, da es teilweise ein leichtes ist, die „richtigen" Antworten zu erkennen; zudem kann im Netz nicht nachgewiesen werden, wer die Bewerbung überhaupt erstellt hat, und ob zum Beispiel für Online-Spiele nicht bereits Standardlösungen existieren (Paulus 1999: 178). Ein weiterer, durchaus kritischer Punkt wurde in den Medien bisher wenig beachtet: die Datensicherheit. Sollte publik werden, dass die Daten eines Bewerbers von anderen Nutzern (ob zufällig oder gar systematisch) „abgefangen" wurden, wird das Vertrauen in die Nutzung des Internet für die Personalauswahl (und damit auch seine Bedeutung für den Rekrutierungsprozess) schlagartig schwinden. Einen in diese Richtung gehenden Fall beschreibt CAPPELLI (2001: 139), der berichtet, dass es nur mit Hilfe einer normalen Suchmaschine gelungen war, 567 Seiten Lebensläufe von Programmierern der Firma IBM zu finden, die eigentlich alle nicht nach neuen Jobs suchten.

3.5 Erfolgskontrolle der Personalrekrutierung über die Personalhomepage

Die Erfolgskontrolle der Personalrekrutierung über die Personalhomepage erfolgt nach denselben Kriterien wie die Kontrolle der „normalen" Rekrutierung (siehe Kap. 2.4.). Um den Erfolg der Internet Rekrutierung mit Offline - Methoden vergleichbar zu machen, kann das Verhältnis der jeweiligen Qualitätskennzahlen von Online Rekrutierungswegen zu Offline Rekrutierungswegen errechnet werden. Wichtig ist jedoch dabei zu beachten, dass der Personalrekrutierung über die Personalhomepage in

[26] Zwar gibt es erste Studien zu diesem Thema, wie zum Beispiel von VOGT (1999), diese basieren jedoch auf kleinen Stichproben und können deshalb für sich alleine gestellt keine allgemeingültige Aussage über die Einflüsse treffen.

der Regel noch ein Auswahlprozess mit persönlicher Anwesenheit des Bewerbers nachgelagert ist (siehe Kapitel 3.4.). Gütekriterien am Ergebnis des gesamten Rekrutierungsprozesses festzumachen ist also nicht zweckmäßig. Es erscheint angebrachter zu überprüfen, welcher Anteil der jeweiligen Bewerbergruppe (online/offline) die abschließenden Auswahlmethoden „überstanden" hat. Auch der Kosten-/Nutzen-Aspekt darf bei dieser Betrachtung nicht vergessen werden.

Da diese Arbeit sich darauf beschränkt die Einflussfaktoren auf den *Einsatz* und die *Einsatzform* der Personalrekrutierung über die Personalhomepage zu erarbeiten, wird der Aspekt der Erfolgskontrolle hier nicht weiter verfolgt.

4 EINFLUSSFAKTOREN AUF EINSATZ UND EINSATZFORM DER PERSONALREKRUTIERUNG ÜBER DIE PERSONAL-HOMEPAGE

Nachdem in den letzten beiden Kapiteln die Personalrekrutierung und ihre Spezialform, die Rekrutierung über die Personalhomepage, vorgestellt wurden, soll in diesem Kapitel erarbeitet werden, welche nationalen Umfeldfaktoren den Einsatz in Form und Intensität dieser Spezialform beeinflussen. Es wird dabei eine makroökonomisch orientierte Überprüfungsmethode gewählt, da hier nicht das individuelle Umfeld einer speziellen Unternehmung, sondern das globale, länderspezifische Umfeld aller Unternehmen des Landes in bezug auf mögliche Einflussfaktoren auf die Rekrutierung über die Personalhomepage überprüft werden soll. Es erfolgt also eine Konzentration auf vornehmlich unternehmensexterne Einflüsse. Für die Konkretisierung und inhaltliche Differenzierung der Unternehmensumwelt wird ein systemtheoretischer Bezugsrahmen aufgegriffen. Die Schlussfolgerungen aus den jeweiligen Ausprägungen der relevanten Variablen werden schlussendlich als Hypothesen formuliert und dann durch die in Kapitel fünf erläuterte empirische Studie überprüft. Es soll hier jedoch nicht der Eindruck entstehen, dass ein mathematisch-gesetzmäßiger Zusammenhang zwischen Umwelteinfluss und Ausprägung der Personalrekrutierung über die Personalhomepage konstruiert werden soll. Ebenfalls kann natürlich kein vollständiges, alle Faktoren umfassendes Modell entwickelt, sondern nur ein Bezugsrahmen mit den relevantesten Variablen erarbeitet werden (vgl. die analogen Ansätze von Porter 1991: 98f. und Steinmann / Hennemann 1995: 15ff.).

4.1 Der systemtheoretische Ansatz der Umweltberücksichtigung nach Skinner als theoretische Grundlage

HOFSTEDE (1993a: 81) meint: „In other parts of the world not only the practices but the entire concept of management may differ...", und mehrere empirische Studien, wie zum Beispiel LIBERMAN / TORBIÖRN (2000), LAURENT (1986), PIERACH ET AL. (1993), BISANI / FRIEDRICHS (1979), SCHULER / FRIER / KAUFFMANN (1993) oder GAUGLER / WILTZ (1993) zeigen, dass es selbst innerhalb Europas nationale Unterschiede in den Konzepten und Methoden des Management, insbesondere des Human Resource Management, gibt. Im Folgenden wird erarbeitet, warum dies der Fall ist, und welche Faktoren insbesondere die Personalrekrutierung über die Personalhomepage beeinflussen.

Die Umwelt eines Unternehmens wird durch eine Vielzahl von Faktoren geprägt, die von außen auf das Unternehmen einwirken, von diesem nicht direkt beeinflusst werden können und sich im Kern als Austauschbeziehung mit verschiedenen Anspruchsgruppen kennzeichnen (vgl. zum Beispiel Dülfer 2001: 217ff.; Kumar 1992: 10; Meffert 1998: 29). Die aus diesen Umweltbeziehungen resultierenden Einflüsse sind von Land zu Land unterschiedlich und wirken auch unterschiedlich auf das Unternehmen und seine Mitarbeiter (Kumar 1988: 389; Wolf 1994: 471ff.). Somit sind die im Unternehmen verwendeten Management-Techniken und ihr Erfolg von den Einflüssen der Umwelt abhängig. Es wird hier im weiteren, wie bereits durch die Nutzung des Ansatzes von Skinner impliziert, die – auch von den meisten Autoren unterstützte[27] - These der Kulturalisten vertreten, dass der Erfolg und die Erfolgswahrscheinlichkeit der Anwendung von Managementtechniken (wie zum Beispiel des „Electronic – Recruiting“) kulturabhängig ist, es also kein kulturinvariantes Management gibt (vgl. hierzu zum Beispiel Osterloh 1994: 95f.; Kumar 1988: 389ff.).

Es sind viele Versuche unternommen worden, die Einflüsse der Umwelt auf das Unternehmen zu kategorisieren und zu ordnen, wobei das Problem von den einzelnen Autoren in sehr unterschiedlicher Form angegangen wurde. Einerseits finden sich konkrete, aber stark selektive Beschreibungen wie zum Beispiel ein früher Versuch von FAYERWEATHER (1965: 19ff.), in etwas abgewandelter Form durch FARMER / RICHMAN (1966, zit. in Welge / Holtbrügge 1998: 93ff.) oder ein auf das Human Resource Management ausgerichtetes Modell von DESATNICK / BENNET (1977: 102ff.). Sie unterteilen die Umwelt in Klassen, zum Beispiel die politisch-rechtliche, die ökonomische, die technologische, die gesellschaftliche und die ökologische Umwelt. Diese Klassifikationsversuche sind für den Praktiker gedacht und leicht anwendbar. Aus Sicht der Theorie sind sie jedoch problematisch, da sie den Eindruck vermitteln, also ob sich die Umwelt in mehrere, deutlich voneinander unter-

[27] Zum Beispiel HENNART (1982), LAURENT (1986) oder NEWMAN / NOLLEN (1996).

scheidbare Einzelstücke aufteilen ließe. DÜLFER (2001: 230f.) meint sogar: „In Wirklichkeit sind die Einteilungen in bezug auf die Realität willkürlich, und die begrifflichen Kategorien sind nicht frei von erheblichen Überschneidungen".

Andererseits finden sich auch theoretisch exakte, aber hochgradig abstrakt-formale Strukturmodelle. Der interaktionstheoretische Ansatz zum Beispiel versucht, die Probleme aus kritischen Interaktionsbeziehungen zu institutionellen oder personellen Partnern durch gegenseitige Beeinflussung zu lösen (Dülfer 2001: 2398ff.). Oder sozioökonomisch orientierte Ansätze, die den Fokus auf den Zusammenhang zwischen ökonomischer Entwicklung und der Entwicklung des Management setzen (Schmid 1996: 245f.). Das Schichtenmodell von Dülfer versucht (stark vereinfacht), die früheren Ansätze zu verbinden und so die kulturellen Einflüsse auf das Management zu erklären (Dülfer 2001: 2487ff.; Kumar 1995: 686f.). Das Problem stellt bei diesen Ansätzen weniger die selektive Gestalt oder die mangelnde theoretische Fundierung des Modells dar, als vielmehr ihre praktische Anwendbarkeit.

Das hier verwendete Modell der Umweltanalyse von SKINNER (1964: 125ff.) ist ein systemtheoretischer[28] Versuch der Umweltkategorisierung und stellt annähernd einen Mittelweg zwischen den theoretisch exakten und den konkreten, aber selektiven Methoden dar: zwar verwendet es kategoriale Begriffe zur Abgrenzung der einzelnen Systemelemente zu einem System, geht aber auch von einer Überschneidung der einzelnen Kategorien aus (siehe Abbildung 10). Er unterscheidet zwischen den Einflüssen des technischen, des politischen (politisch-rechtlichen), des (sozio-) kulturellen und des (makro-)ökonomischen Systems. Diese sind jedoch nicht unabhängig von einander, sonder als komplexes Gesamtsystem aus verschiedenen interdependenten Einzelsystemen zu sehen (zum Beispiel Hein 1999: 125; Kieser 1974: 302f.).

[28] Für eine tiefergehende Betrachtung des systemtheoretischen Begriffes und systemtheoretischer Ansätze sei auf ULRICH (1989: 13ff.) verwiesen.

Abbildung 10: Modell der Umweltberücksichtigung nach Skinner

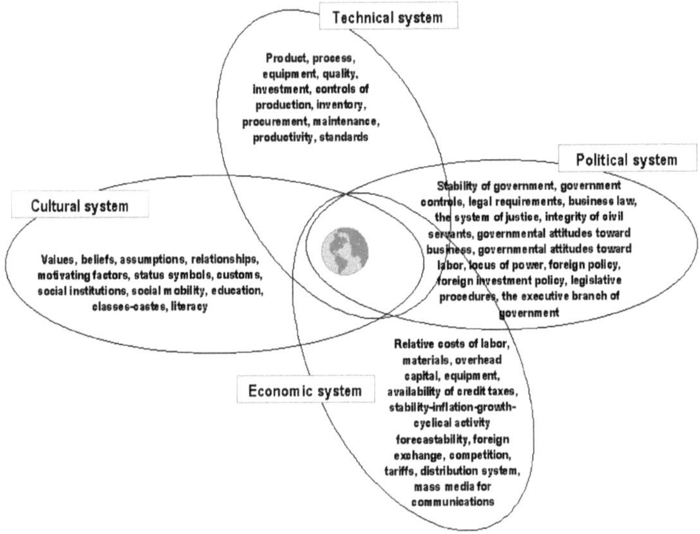

Quelle: Dülfer 2001: 232

Auch dieses hier verwendete Modell wird in der Literatur häufig kritisiert. Häufigste Kritikpunkte sind die willkürliche Systemabgrenzung, der statische Charakter und die fehlende Identifikation der Interaktionspartner (Dülfer 2001: 232f.). DOWLING (1999: 31) hat auch aufgrund dieser Kritik ein speziell auf die Personalwirtschaft zugeschnittenes Modell von Einflussfaktoren auf das internationale Personalmanagement entwickelt. Dieses Modell fasst jedoch verschiedene Untersuchungsperspektiven zusammen und führt somit zu einem sehr komplexen Untersuchungsdesign, weshalb es hier nicht verwendet wird (Weber / Dowling / Festing 1999: 180f.). Es wird also trotz der angesprochenen Kritikpunkte hier das Modell von Skinner gebraucht, da es einerseits eine hohe Praktikabilität in Bezug auf die Zielsetzung dieser Studie gewährleistet und andererseits die theoretische Fundierung als formeller Forschungsrahmen, trotz aller sonstiger Kritikpunkte, unbestritten ist.

4.2 Einflüsse des kulturellen Systems

Wie bereits oben geschildert ist die zentrale Problemstellung des kulturvergleichenden Management, ob es ein kulturinvariantes Management gibt oder nicht und, sollte Management kulturabhängig sein, in welcher Form die Kultur den Erfolg und die Anwendung von Managementpraktiken beeinflusst. Hier wird, wie ebenfalls bereits oben angedeutet, von einem kulturabhängigen Management - insbesondere Human Resource Management - ausgegangen. Auch die Mehrheit der Autoren argumentiert heute in diese Richtung und versucht, diese These empirisch zu untermauern (zum Beispiel Beermann / Stengel 1992: 7ff.; Newman / Nollen 1996: 754; Reber / Jago / Böhnisch 1993: 217ff.; Yip / Johansson / Roos: 1997: 365ff.). Dieses Interesse an kulturellen Einflussfaktoren besteht jedoch erst seit kurzer Zeit. Vor 1980 wurde den kulturell begründeten Einflussfaktoren kaum Beachtung geschenkt (Dülfer 1992: 1881f.).

Nicht nur inhaltlich, sondern bereits mit dem Titel seines Aufsatzes „The business of international business is culture" unterstreicht zum Beispiel HOFSTEDE (1994), dass er in Richtung eines kulturabhängigen Management argumentiert. TEAGARDEN / GLINOW (1997) argumentieren insbesondere in Richtung eines kulturabhängigen Human Resource Management und benennen dort viele kulturabhängige Funktionen. Auch BREWSTER (1995) weist auf die kulturellen Einflüsse auf das Human Resource Management hin. SUUTARI / BREWSTER (1999: 186) zeigen in diesem Zusammenhang insbesondere auf, dass Europa diejenige Region in der Welt mit den meisten Kulturen auf kleinstem geographischen Raum sei und somit dort mannigfaltige national unterschiedliche Einflüsse auf das Management bestehen. LUTHANS / WELCH / ROSENKRANTZ (1993) konnten in einer Untersuchung von russischen Managern und Managern aus den vereinigten Staaten diesen Zusammenhang zwischen nationaler Kultur und den angewandten Human Resource Managementtechniken bereits empirisch bestätigen und SCHULER / ROGOVSKI (1998) konnten ebendiesen Zusammenhang auch für ein spezifisches Kriterium, nämlich die Vergütung des Management, dokumentieren. MROCZKOWSKI / HANAOKA (1997) befassten sich ebenfalls mit einem weiteren spezifischen Kriterium des Human

Resource Management, nämlich dem Prozess der Freistellung / Kündigung von Arbeitnehmern, und konnten auch hier erhebliche, kulturell bedingte, Unterschiede in der Ausgestaltung des Prozesses in den Vereinigten Staaten und Japan erfassen. Auch RAGHURAM / LONDON / LARSEN (2001) haben ein spezielles Kriterium der Personalarbeit auf kulturelle Einflüsse untersucht, nämlich den Einsatz von Zeitarbeit. Auch sie haben dabei einen Zusammenhang mit der Landeskultur festgestellt.

Viele Autoren weisen darauf hin wie schwierig es, ist im Rahmen dieser Diskussion eine passende und umfassende Definition von „Kultur“ zu finden (zum Beispiel Clark / Grant / Heijltjes 1999: 10; Schmid 1996: 230f.; Weber et al. 1998: 31). Dieses Problem eines fehlenden, einheitlichen Verständnisses führt dazu, dass manche Autoren, so zum Beispiel BHAGAT / MCQUAID (1982), empfehlen, diesen Terminus überhaupt nicht mehr zu nutzen. Dieser Meinung wird hier nicht gefolgt, vielmehr erscheint diese Problematik nur ein Beispiel dafür zu sein, dass auch das Verständnis von „Kultur“ kulturabhängig ist[29].

Der gewählte Ansatz von Skinner impliziert bereits, dass hier von einem engen Kulturbegriff ausgegangen wird. Kultur wird als ein TEIL der Gesellschaft, nicht jedoch als der umfassende Ansatz zur Beschreibung der GESAMTEN Gesellschaft gesehen. Nicht alle Autoren verfahren in dieser Form, in vielen Fällen wird Kultur mit Nation oder Gesellschaft gleichgesetzt (Nasif et al. 1991: 82). HOFSTEDE (1991: 54) sowie BECK / MOORE (1985: 336) definieren nationale Kultur in diesem Rahmen als diejenigen Werte und Annahmen, die im frühen Kindesalter erlernt werden und die eine Gruppe von Personen von der anderen unterscheidet. HOFSTEDES (1992: 304) spätere Definition, die Kultur als „kollektive Programmierung des Gehirns, welche unterscheidet zwischen den Mitgliedern einer Kategorie von Menschen und denen anderer Kategorien“, erklärt, erscheint konsistent. Die Kategorien können dabei verschiedener Größe sein, also sowohl eine Familie, als auch ein ganzes Volk umfassen. In einer weiteren Veröffentlichung beschreibt er Kultur als „Software of the Mind“, also als eine Art mentale Programmierung von Werthaltungen, die einer bestimmten Kultur eigen ist (Hofstede 1991: 3f.). Damit geht er in die gleiche Richtung wie

[29] Diese Meinung vertreten zum Beispiel auch WEBER ET AL: (1998: 32), SCHULER / ROGOVSKI (1998: 162) oder CLARK / GRANT / HEIJLTJES (1999: 10).

JAEGER (1986: 179), der nationale Kultur mit „common theories of behavior or mental programs that are shared" umschreibt. TROMPENASS / HAMPDEN-TURNER (1999: 3) gehen mit ihrer Definition ebenfalls in diese Richtung, indem sie sagen: „Culture is not what is visible on the surface. It is the shared way groups of people understand and interpret the world." Sie weisen aber auch darauf hin, dass es unmöglich erscheint eine Kultur wirklich zu verstehen oder zu beschreiben. Wohl aber können, ihrer Ansicht nach, Unterschiede zwischen Kulturen und ihre Einflüsse auf das Management einer Unternehmung herausgearbeitet werden (Trompenaas / Hampden-Turner 1999: 1). Für den Einzelnen ist der Unterschied zwischen zwei Kulturen in diesem Zusammenhang als Ausdruck für die Divergenz zwischen zwei (subjektiv perzipierten) Wertesystemen zu verstehen (Eckert 1997: 282). Die Konzentration auf die Werthaltungen hat dabei den Vorteil, dass Vergleiche zwischen Verschiedenen Kulturen möglich sind, wobei man sich auch der damit verbundenen Operationalisierungs- und Messprobleme bewusst sein muss (Scherm 1998: 195).

HOFSTEDE (1993b: 22ff.; 1992: 304f.) differenziert Kultur in verschiedene Elemente ihres Erscheinens (von oberflächlich bis tief): *Symbole, Helden, Rituale* und *Wertvorstellungen*. *Symbole* sind dabei Worte, Gesten, Bilder etc., die eine bestimmte Bedeutung haben, welche nur von denjenigen als solche erkannt werden, die der gleichen Kultur angehören (Haartracht, Statussymbole etc.). Symbole ändern sich rasch und werden häufig von anderen Kulturgruppen übernommen bzw. nachgeahmt. *Helden* sind Personen, tot oder lebendig, echt oder fiktiv, die Eigenschaften besitzen, welche in einer Kultur hoch angesehen sind und deshalb als Vorbilder dienen (zum Beispiel Politiker, Schauspieler,...). *Rituale* sind kollektive Tätigkeiten, die zwar technisch überflüssig, aber innerhalb einer Kultur aus sozialen Gründen notwendig sind (Händeschütteln, Verbeugen...). *Wertvorstellungen* spiegeln die tiefste Ebene der Kultur wieder. Sie sind breitgefächerte Gefühle, deren man sich teilweise gar nicht bewusst ist. Sie bestimmen, was gut und böse, hässlich oder schön, anormal oder normal ist. SCHEIN (1984: 3ff.) beschreibt diese Stufe als allem zugrundeliegende, „underlying assumptions", im Deutschen häufig übersetzt als „basale Annahmen". Sie werden meist schon im Kindesalter –nicht bewusst, sonder implizit- erlernt, sind dem Menschen häufig gar nicht bewusst und deshalb nicht oder nur schwer diskutierbar. Nach außen sind sie nicht sichtbar, man kann lediglich aus der Art und Weise, wie

Menschen unter verschiedenen Umständen handeln, auf sie schließen. Sie stellen den unverwechselbaren Kern einer nationalen Kultur dar, in der die anderen Elemente durchaus variieren können (Hofstede 1991: 3ff.; Hofstede et al. 1990: 4ff.; Dülfer 1990: 268). Im Folgenden wird, obwohl einige empirische Studien, wie zum Beispiel BUDHWAR / SPARROW (1998: 105ff.), BEUGRÈ / OFFODILE (2001: 543ff.) oder BARMEYER / STEIN (1998: 79ff.), einen spezifischeren (aber jeweils unterschiedlichen) Ansatz verfolgen, der Definition und dem Ansatz Hofstedes gefolgt, da er nicht nur eine überzeugende Kultur-Definition und verständliche Kultur-Elemente, sondern auch eine umfassende Studie zu nationalen Kulturelementen und Kulturdimensionen als Untermauerung seiner Theorie vorgelegt hat.

Abbildung 11: Dimensionen nationaler Kultur nach Hofstede

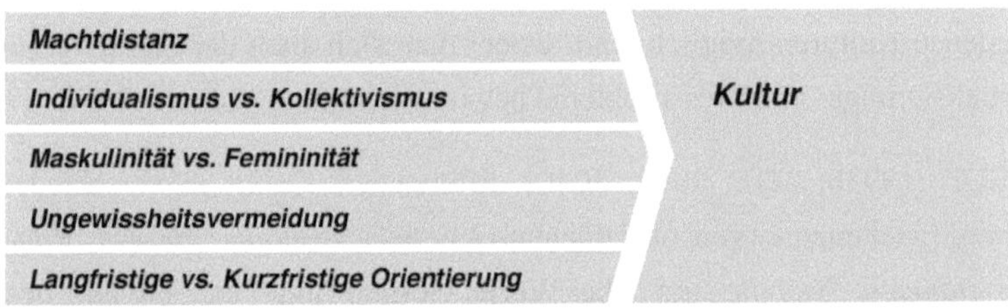

Quelle: Eigene Darstellung in Anlehnung an Hofstede (1992: 306ff.)

HOFSTEDE (1980; 1992: 303ff.; 1998: 7ff.) identifizierte nach Durchführung mehrerer Forschungsprojekte – eines davon wurde in Niederlassungen eines multinationalen Konzerns (IBM) in 64 Ländern mit 116.000 Mitarbeitern durchgeführt – insgesamt fünf Dimensionen nationaler Kulturunterschiede: Machtdistanz, Individualismus versus Kollektivismus, Maskulinität versus Femininität, Ungewissheitsvermeidung und langfristige versus kurzfristige Orientierung (siehe Abbildung 11). Er gab jedem Land Punkte für die empirisch erforschte Intensität der einzelnen Dimensionen. Eine höhere Punktzahl bedeutet dabei auch eine stärkere Ausprägung der untersuchten Dimension.

Die Studie von HOFSTEDE ist aufgrund ihrer Größe mit Sicherheit die bedeutendste Studie dieser Art, jedoch ist auch sie nicht frei von Kritik. Die häufigsten Kritikpunkte sind das Vernachlässigen landeskultureller Vielfalt durch die Gleichsetzung von Land und Kultur, die Prägung der in seiner Studie untersuchten Personen durch eine eindeutige Unternehmenskultur (IBM) sowie das von westlichen Standards geprägte Untersuchungsdesign (Schmid 1996: 259ff.). Trotz allem bleibt festzuhalten, dass die Studie aufgrund ihrer umfangreichen Datenbasis und der Berücksichtigung einer Vielzahl von Ländern, bisher das Nonplusultra der vorhandenen Kulturuntersuchungen ist. Erst mit einer Verzögerung von mehr als zwei Jahrzehnten wurde nun mit der Studie von TROMPENAARS / HAMPDEN-TURNER (1999)[30] eine in etwa vergleichbare Studie vorgelegt (deren Dimensionen sich teilweise eng an der Studie von KLUCKHOHN / STRODTBECK (1961: 13-15), teilweise auch an denen von HOFSTEDE (1992: 302ff.) orientieren). Sie wird hier jedoch aus den oben genannten Gründen für die Konzentration auf die Studie von Hofstede nicht weiter untersucht. Im Folgenden werden die einzelnen Dimensionen aus Hofstedes Studie und die aus ihren länderspezifischen Ausprägungen resultierenden möglichen Auswirkungen auf den Einsatz der Personalrekrutierung diskutiert und aus der Diskussion Hypothesen über Einsatz und Einsatzform der Personalrekrutierung über die Personalhomepage abgeleitet.

4.2.1 Machtdistanz als kultureller Einflussfaktor

Machtdistanz beschreibt das Maß, bis zu dem schwächere Mitglieder der Gemeinschaft die ungleiche Verteilung von Macht hinnehmen bzw. erwarten (Hofstede 1992: 306). Eine hohe Machtdistanz bedeutet damit eine starke Akzeptanz der Ungleichverteilung von Macht in der Gesellschaft (deshalb wird die Machtdistanz teilweise auch als „Machtabstandstoleranz" bezeichnet). HOFSTEDE (1993b: 52) beschreibt auch die Konsequenzen hoher bzw. niedriger Machtdistanz auf das Personalmanagement. So liegen bei geringer Machtdistanz häufig Dezentralisation, ein flacher hierarchischer Aufbau, geringe Lohnunterschiede und eine hohe Qualifikation der Mitarbeiter auch auf niedrigen Hierarchiestufen vor. Bei hoher Machtdistanz kann man von Zentralisation, einem steilen hierarchischem Aufbau, einem hohen Anteil an Führungskräften, großen Lohnunterschieden und niedrigen Qualifikationen auf niedrigen Hierarchiestufen ausgehen. Länder mit einem hohen Indexwert für Machtdis-

[30] Die erste Auflage des Buches erschien bereits 1993 ohne Co-Autor.

tanz sind zum Beispiel Malaysia, Ecuador, Panama oder Guatemala. Beispiele für Länder mit geringer Machtdistanz sind zum Beispiel Österreich, Israel, Dänemark und Schweden.

Wichtigster Unterschied für die Zielsetzung dieser Studie ist die Auswirkung der jeweiligen Machtdistanz auf den Entscheidungsprozess im Unternehmen. HOFSTEDE (1991: 104) schreibt hier Unternehmen aus Ländern mit geringer Machtdistanz einen partizipativeren und von höher eingestuften Mitarbeitern unabhängigeren Führungsstil zu als Unternehmen aus Ländern mit hoher Machtdistanz. Daraus ließe sich antizipieren, dass in diesen Ländern mit hoher Machtdistanz Verantwortung, auch für den Rekrutierungsprozess, nur geringfügig und ungern delegiert wird. Der Verantwortliche ist bestrebt, seine Macht auszuüben und dies auch nach außen darzustellen. Das Internet als Instrument zur Personalauswahl verringert die nach außen sichtbare Macht des Entscheiders, indem es ihn von Teilen der Auswahlentscheidung entbindet. Deshalb werden Manager in diesen Ländern mit hoher Machtdistanz das Internet nur zögerlich als Weg für die Personalauswahl nutzen. Wird das Internet jedoch als Instrument der Personalwerbung genutzt, so können das Unternehmen und seine Entscheider dem Bewerber besser präsentiert werden. Es verstärkt also die Möglichkeit des Entscheiders zur Außendarstellung seines Zuständigkeitsbereiches und damit seiner Macht. Es erscheint folgerichtig, dass im Bereich der Personalwerbung Manager in Ländern mit hoher Machtdistanz deshalb versuchen, diese Form der Außendarstellung voranzutreiben und intensiv zu nutzen, um ihr Bild und ihre Macht in der Öffentlichkeit bekannt zu machen. Deshalb werden zusammenfassend folgende Hypothesen abgeleitet[31]:

---

[31] RYAN et al. (1999: 359ff.) konnten in einer Untersuchung von Rekrutierungsstrategien und ihrem Zusammenhang mit der Kultur des Landes einen Zusammenhang zwischen Machtdistanz und Rekrutierungsform nur teilweise bestätigen. Zwar ließ sich empirisch verifizieren, dass Einstellungs-Interviews in Ländern mit hoher Machtdistanz nur selten von Personen unterer Hierarchiestufen durchgeführt wurden. Eine zweite aufgestellte Hypothese, nämlich dass diese Personen auch in den finalen Entscheidungsprozess geringer einbezogen werden als in Ländern mit geringer Machtdistanz, konnte dagegen nicht verifiziert werden: es zeigte sich sogar ein umgekehrtes Szenario.

Hypothese 1: Je höher die Machtdistanz in einem Land, desto weniger Unternehmen bieten Instrumente zur Personalauswahl auf der Personalhomepage an.

Hypothese 2: Je höher die Machtdistanz in einem Land, desto intensiver wird die Personalhomepage für die Informationsfunktion genutzt.

4.2.2 Individualismus und Kollektivismus als kulturelle Einflussfaktoren

Die Dimensionen *Individualismus* und *Kollektivismus* beschreiben das Ausmaß, bis zu dem Individuen innerhalb von Gruppen integriert sind. Sowohl NEWMAN / NOLLEN (1996: 758), als auch KLUCKHOLN / STRODTBECK (1961: 15) beschreiben die Relevanz dieser Dimension zur Beschreibung von Unterschieden zwischen verschiedenen Kulturen. THIEME (2000: 160) weist darauf hin, dass in einer Gesellschaft meist sowohl individualistische, als auch kollektivistische Tendenzen vorhanden sind, eine jedoch dominiert. Kollektivistische Gesellschaften zeichnen sich dadurch aus, dass in ihnen das Interesse der Gruppe dem Interesse des Individuums übergeordnet ist. In individualistischen Gesellschaften zeigt sich das umgekehrte Bild: es wird erwartet, dass Individuen für sich selbst sorgen. Individualismus drückt sich im Unternehmen durch Autonomie und individuelle Zuständigkeit für Ergebnisse aus (Newman / Nollen 1996: 758). Eher individualistisch geprägte Länder sind zum Beispiel die USA und Australien.

In Unternehmen in kollektiven Nationen erwarten Mitarbeiter, dass auch das Kollektiv, die sogenannte Wir-Gruppe, ihre Interessen vertritt. Im Gegenzug dazu wird erwartet, dass sich jedes Individuum absolut loyal gegenüber der Gruppe verhält (Early 1994: 91f.). Insbesondere asiatische und lateinamerikanische Länder weisen einen hohen Grad an Kollektivismus auf. KUMAR / STEINMANN / DOLLES (1993: 42ff.) weisen auf das spezielle Gruppendenken in Japan hin. Insbesondere der Eintritt in eine Gruppe ist hier schwierig: „Je stärker die Identifikation mit der eigenen Gemeinschaft ist, desto stärker ist das Misstrauen gegenüber anderen Gruppen bzw. deren Angeschlossenen ausgeprägt“ (Kumar / Steinmann / Dolles 1993: 42). So erscheint es in diesen Ländern mit einem hohen Grad an Kollektivismus wohl schwer vorstellbar, Unbekannte über das Internet zur Mitarbeit animieren oder auswählen zu wollen, da Loyalität und die Bereitschaft, sich in die Gruppe einzuordnen die entscheidenden Auswahlkriterien sind (Bittner / Reisch 1994: 51). Die Tatsache, dass sich Fremde aufgrund von anonymer Ansprache und Auswahltests im Internet der Gruppe anschließen, widerspricht dem Kerngedanken der Gruppe und würde unter Umständen eine Bedrohung für diese Darstellen. Somit lässt sich folgende Hypothese aufstellen:

Hypothese 3: Um so höher der Grad des Kollektivismus in einem Land, desto weniger Unternehmen setzen das Internet für die Personalrekrutierung ein.

4.2.3 Maskulinität und Femininität als kulturelle Einflussfaktoren

Maskulinität und *Femininität* stellen – stark vereinfacht - dar, ob Bestimmtheit oder Bescheidenheit im Verhalten wichtig ist. KLUCKHOLN / STRODTBECK (1961) haben in ihrer Untersuchung eine ähnliche Dimension entdeckt: Doing & Acquiring vs. Thinking and Observing. In eher Femininen (Thinking & Observing) Gesellschaften, wie zum Beispiel Dänemark, Schweden oder Norwegen, werden Konflikte durch Kompromisse gelöst, Wertvorstellungen von Männern und Frauen weichen nur geringfügig voneinander ab („sowohl Frauen als auch Männer sollten bescheiden und feinfühlig sein und Wert auf Lebensqualität legen" (Hofstede 1997: 113)). Man verkauft sich eher unter seinem Wert und die Lebensqualität besitzt einen hohen Stellenwert. Im Unternehmen wird Femininität durch eine hohe Wertschätzung von persönlichen Kontakten und Arbeitsplatzqualität reflektiert (Newman / Nollen 1996: 759; Jäger 1986: 178ff.).

Maskuline Gesellschaften (Doing & Acquiring) sind dagegen eher durch Bestimmtheit und Konkurrenzdenken, sowie durch eine starke Abgrenzung der Rollen der Geschlechter[32] gekennzeichnet (Hofstede 1992: 308f.). Japan, die Schweiz und Mexiko sind Beispiele für eher maskuline Gesellschaften. Hier ist der Besitz von Geld und der materielle Wohlstand wichtiger als die Lebensqualität (Schuler / Rogovski 1998: 163f.). In Unternehmen aus maskulinen Kulturen finden sich häufig erfolgsbezogene Vergütungsmethoden und es wird großer Wert auf die eigene Karriere und das erreichen individualistischer Ziele gelegt (Weber et al. 1998: 45f.). Deshalb könnte man erwarten, dass in Ländern mit einem höheren Grad von Femininität eine besonders massive Personalwerbung erforderlich ist, da die „Bequemlichkeit“ und der große Wert, der auf Lebensqualität gelegt wird, einen Stellenwechsel unwahrscheinlicher machen. Aus diesem Grund müssten auch im Internet die möglichen Bewerber durch massive Werbemaßnahmen dazu bewegt werden, auf die Personalhomepage zu kommen und ihre Bewerbung abzugeben. Andererseits erscheint es, als ob die Personalrekrutierung im Internet insgesamt eher maskuline Züge hat: Es gibt keine direkten persönlichen Kontakte (die in femininen Kulturen so wichtig sind) und nur harte Fakten zählen, da eine Maschine, hier also der Computer, keine „menschlichen“ Züge hat. Hinzu kommt, dass mit dem Internet eher maskuline Attribute, wie Geschwindigkeit und Anonymität[33] assoziiert werden als feminine. Deshalb wird hier der Argumentation in Richtung einer eher für maskuline Gesellschaften ansprechenden Personalrekrutierung im Internet gefolgt. Also ergibt sich folgende Hypothese:

Hypothese 4: Je höher die Punktzahl für Maskulinität eines Landes, desto mehr Unternehmen betreiben Personalrekrutierung über die Personalhomepage.

4.2.4 Ungewissheitsvermeidung als kultureller Einflussfaktor

Die vierte Dimension ist die *Ungewissheitsvermeidung*. Sie befasst sich mit der Toleranz von Ungewissheit und Ambiguität in der Gesellschaft. Sie gibt an, bis zu wel-

[32] „The predominant socialization pattern is for men to be more assertive and for women to be more nurturing“ (Hofstede 1980: 176).

[33] Anonymität ist per se kein maskulines Attribut, kann jedoch eher maskulinen als femininen Gesellschaften zugeordnet werden.

chem Grad eine Kultur ihre Mitglieder programmiert, damit sie sich in unstrukturierten, unsicheren Situationen entweder wohl oder unwohl fühlen. Länder mit einer hohen Ungewissheitsvermeidung versuchen unstrukturierte Situationen durch strenge Gesetze und Regeln sowie Sicherheits- und Schutzmaßnahmen auf ein Mindestmaß zu beschränken. Menschen, die in solchen Ländern leben, sind meist emotionaler und durch innere, nervöse Energie motiviert. Länder mit einem hohen Grad an Unsicherheitsvermeidung sind nach Hofstede zum Beispiel Griechenland, Portugal oder Belgien.

Der gegensätzliche Typus ist meist toleranter gegenüber anderen Meinungen und Kulturen und versucht nur ein Mindestmaß an Regeln aufzustellen: „People in such societies will tend to accept each day as it comes. They will take risks rather easily. They will not work as hard. They will be relatively tolerant of behaviour and opinions different from their own because they do not feel threatened by them" (Hofstede 1983: 51). Hongkong, Schweden oder auch Irland sind nach Hofstede Beispiele für Länder mit einem geringen Grad an Unsicherheitsvermeidung.

Für die Personalrekrutierung lässt sich ableiten, dass in Ländern mit hoher Ungewissheitsvermeidung mutmaßlich die Auswahlverfahren auf der Personalhomepage intensiver angewendet werden. Wird die Personalrekrutierung über die Personalhomepage also in einem Unternehmen angewendet, werden mehrere Auswahlverfahren pro Unternehmen angeboten. Aufgrund der Ungewissheit gegenüber dem allgemeinen Nutzen der Personalrekrutierung im Internet wird insgesamt jedoch wahrscheinlich weniger Personalauswahl über die Personalhomepage im Internet betrieben, also werden weniger Unternehmen überhaupt Auswahlmethoden auf der Personalhomepage anbieten[34]. Es ergeben sich also folgende Hypothesen:

[34] RYAN et al. (1999): 359ff.) konnten einen positiven Zusammenhang zwischen dem Grad der Unsicherheitsvermeidung und dem Gebrauch standardisierten Interviewleitfäden sowie einer häufigen Überprüfung der eingesetzten Auswahlmethoden empirisch bestätigen. Nicht bestätigt wurde in ihrer Studie jedoch ein positiver Zusammenhang mit der Anzahl der verwendeten Auswahlverfahren pro Bewerber. Auch hier zeigte sich ein gegensätzlicher Effekt, den die Verfasser damit zu begründen versuchen, dass die Anwender generell unsicher über den Nutzen mehrerer Auswahlverfahren sind, und diese deshalb nicht nutzen.

Hypothese 5: Nationen mit einem hohen Wert der Unsicherheitsvermeidung werden mehr Online-Auswahlverfahren anbieten als Nationen mit einem geringeren Wert.

Hypothese 6: Insgesamt wird die Personalauswahl über die Personalhomepage in Ländern mit höherer Unsicherheitsvermeidung jedoch weniger häufig eingesetzt, als bei Ländern mit geringerem Grad von Unsicherheitsvermeidung.

4.2.5 Langfristige und kurzfristige Orientierung als kulturelle Einflussfaktoren

Die fünfte Dimension, die *langfristige* bzw. *kurzfristige Orientierung,* wurde erst nachträglich den Kulturdimensionen hinzugefügt und wird auch als die konfuzianische Dimension bezeichnet. Sie wurde in einer empirischen Untersuchung entdeckt, die spezifisch für den asiatischen Raum ausgelegt war (Hofstede 1993b: 185f.). Wertvorstellungen, die mit langfristiger Orientierung einhergehen, sind zum Beispiel Fleiß und Durchhaltevermögen, Anpassung von Traditionen an moderne Gegebenheiten und eine Bereitschaft, sich selbst dem Zweck unterzuordnen (Weber et al. 1998: 48). So sind nach Hofstede China, Indien oder Taiwan Länder mit einer eher langfristigen Orientierung.

Mit der kurzfristigen Orientierung werden Respekt für Traditionen, die Erfüllung sozialer Verpflichtungen und die „Wahrung des Gesichtes" verbunden. Langfristige Werthaltungen werden als stärker zukunftsorientiert und dynamisch gesehen, kurzfristige als eher gegenwarts- oder vergangenheitsbezogen und dementsprechend statisch. Nach Hofstede sind Pakistan, Länder der Region Westafrikas oder die Philippinen Nationen mit eher langfristigen Werthaltungen.

Es fehlt eine weitergehende Erforschung dieser neuen Dimension, deshalb kann auf die möglicherweise aus ihr resultierenden Einflussfaktoren auf den Einsatz der Personalrekrutierung über die Personalhomepage nicht eingegangen werden (vgl. Hofstede 1992: 310f.).

4.3 Einflüsse des technischen Systems

Das technische System stellt den jeweiligen technologischen Stand im untersuchten Land dar. Für Unternehmen sind vor allem technologische und technische Informationen über Produktion und Produkte sowie über die sogenannte „Thought Technologies“ (zum Beispiel Software, Internetzugang etc.) von Bedeutung (Jahnes / Tammler 1997: 14). Von allen einflussnehmenden Systemen hat das technische System in den letzten Jahren die größten Veränderungen erfahren und ist eine Quelle von Bedrohungen und Chancen auch für solche Unternehmen geworden, die auf den ersten Blick keinen engeren Technologiebezug zeigen, wie zum Beispiel Banken oder Versicherungen (Steinmann / Schreyögg 1997: 160f.). Technologische Veränderungen können , wie das Beispiel des elektronischen Handels (e-commerce) zeigt, gravierende Unterschiede in den Märkten der Unternehmen hervorrufen und große Effizienzgewinne möglich machen (Hungenberg 2000: 310f.). Der für diese Studie wohl bedeutendste technologische Einflussfaktor ist der Verbreitungsgrad des Internet in der Bevölkerung. Weitere Einflussfaktoren aus dem technischen System sind nicht ersichtlich, weshalb in diesem Abschnitt eine Konzentration auf diesen Kernfaktor erfolgt.

Das Internet sowie die Schwierigkeit einer Schätzung über die Anzahl der Nutzer des Internet wurde bereits in Kapitel 3.1. beschrieben. Erschwerend zu derjenigen Zählproblematik, die sich aus der rasanten Entwicklung des Internet ergibt, kommt hinzu, das sich die Nutzer des Internet aufgrund technischer Restriktionen nicht zählen lassen, sondern nur über die Zahl der Einwahlpunkte[35] und der geschätzten, durchschnittlichen Zahl der Nutzer pro Einwahlknoten hochgerechnet werden können (Nielsen 1996: 166). Die hier verwendeten Zahlen werden jedoch trotz dieser Problematik von fast allen Prognosen und Umfragen bestätigt. Zwischen 1996 und 2000 wuchs demzufolge die Zahl der Internet Benutzer weltweit um etwa 200 Millionen (Foley 2000: o.S.). Dieses Wachstum hat das Internet als die am schnellsten wach-

[35] Siehe Abschnitt 3.1.1.

sende Technologie in der Geschichte der Menschheit qualifiziert (Daum / Scheller 2000: 18). Allerdings gibt es, selbst innerhalb der Industriestaaten, große Unterschiede in den relativen Nutzerzahlen. So besaßen zum Beispiel bereits im Jahr 1998 mehr als 50 Millionen US-Bürger einen Internet-Zugang. Im Jahr 2000 wird von ca. 95 Millionen Nutzern ausgegangen, die mit Hilfe des Internet einen Umsatz von mehr als 50 Milliarden Dollar[36] erwirtschaften (Adam et al. 1998: 25; Fornasier 2001: 17; Korper / Ellis 2001: 2). Ausgehend von etwa 250 Millionen Einwohnern ergibt sich daraus eine Durchdringung von ca. 38% in der Gesamtbevölkerung. In Europa liegen diese Zahlen weit niedriger. Für das Jahr 2000 wird von etwa 55 Millionen Internet-Nutzern ausgegangen (Nutzer in den Mitgliedsstaaten der EU) , was einer Durchdringung in der Gesamtbevölkerung von ca. 15% entspricht (Merz 1999: 37)[37]. Analog zu diesen Zahlen verhält sich wohl auch der Einsatz der Personalrekrutierung im Internet, sowohl bezüglich seiner relativen Häufigkeit, als auch bezüglich seiner Ausprägung: In den USA wird häufiger und unter Einsatz von mehr technischen Möglichkeiten über die Personalhomepage rekrutiert (iLogos research 2000: 3f.). Auf Basis dieser Daten lässt sich folgende Hypothese über den Einsatz der Personalrekrutierung über die Personalhomepage im Internet bilden.

Hypothese 7: Die relative Anzahl der Internet-Nutzer hat einen erheblichen Einfluss auf die Häufigkeit des Einsatzes der Personalrekrutierung über die Personalhomepage. Je größer der Anteil der Personen ist, die Zugang zum Internet haben, desto häufiger wird dieser Rekrutierungsweg eingesetzt.

Hypothese 8: Je größer die relative Anzahl der Internet-Nutzer eines Landes, desto intensiver wird die Personalrekrutierung über die Personalhomepage erfolgen.

[36] Diese Zahl bezieht sich auf die Nutzung des Internet als Absatzkanal.

[37] Wobei es in einigen europäischen Staaten durchaus eine höhere Nutzerschaft in Relation zur Gesamtbevölkerung gibt. In Island wird sogar von einer Durchdringung von 100% ausgegangen (Daum / Scheller 2000: 19).

Hypothese 9: Je höher die relative Anzahl der Internet-Nutzer eines Landes, desto mehr Auswahlmethoden werden eingesetzt.

4.4 Einflüsse des politisch-rechtlichen Systems

Das politische System beinhaltet insbesondere die von staatlicher Seite gesetzten Rahmenbedingungen für das wirtschaftliche Handeln (Gesetze, Verordnungen etc.) sowie die Organisation und Stabilität des politischen Systems (Hungenberg 2000: 308). Deshalb wird häufig auch die Bezeichnung „politisch-rechtliches" System gewählt, der inhaltlich auch hier gefolgt wird (Steinmann / Schreyögg 1997: 162). Unter Rechtssystem wird dabei die Gesamtheit aller in einem Staat erlassenen positiven, d.h. schriftlich fixierten Rechtnormen, sowie gewohnheitsrechtlichen Regelungen (zum Beispiel „gute Sitten", „Treu und Glauben") verstanden (Meffert / Bolz 1998: 45). Vor allem in politisch instabilen Ländern können die politischen Einflussfaktoren massive Geschäftsrisiken und Entwicklungshemmnisse begründen (siehe zum Beispiel der Bürgerkrieg im ehemaligen Jugoslawien) (Berndt / Altobelli / Sander 1999: 23). Da jedoch alle hier untersuchten Länder demokratische Nationen sind und, trotz der neuesten politischen Entwicklungen in Italien, keine Risiken im politischen System erkennbar scheinen, werden keine Einflussfaktoren auf die Personalrekrutierung über die Personalhomepage durch das politische System angenommen.

Eher werden Einflussfaktoren des rechtlichen Systems erwartet. In diesem Bereich zeigt sich eine weitere Überschneidung zwischen den Systemen in Skinners Modell: BREWSTER (1995: 3) weist darauf hin, dass sich die kulturellen Unterschiede auch in der Gesetzgebung widerspiegeln. Für diese Studie erscheint relevant, welche konkreten Gesetze und Bestimmungen die Personalrekrutierung und ihren Ablauf regeln bzw. beschränken. PIEPER (1990: 8) weist in diesem Zusammenhang auf die unterschiedlichen Methoden im Human Resource Management – und zwar auch im Bereich der Personalrekrutierung – zwischen den USA und der Bundesrepublik Deutschland hin, die in seinen Augen auch aus den unterschiedlichen Rechtsverhältnissen resultieren. Weiter geht er davon aus, dass Unternehmen in Ländern, die eine stark reglementierende Gesetzgebung für die Personalauswahl haben, zum Beispiel bezüglich der „erlaubten" Fragen im Auswahlgespräch oder der rechtlichen Bestimmungen zu psychologischen Tests, deshalb gegenüber Unternehmen aus Ländern mit weniger rigider Gesetzgebung einen Wettbewerbsnachteil erfahren, da sie weniger Variablen in ihre Auswahlentscheidung einbeziehen können[38]. Diese Problematik wird sich auch in den Formen der Personalrekrutierung im Internet zeigen. So ist folgerecht, dass Unternehmen aus Nationen mit stark reglementierender Gesetzgebung die Ihnen gesetzlich gesetzten Grenzen auch im Internet nicht überschreiten. Somit unterliegen sie bezüglich der genutzten Fragen und damit auch der genutzten Auswahlinstrumente rechtlich bedingten Restriktionen. Aus diesen Restriktionen ist dann aus den oben genannten Gründen auch eine niedrigere Erfolgsquote der gesamten Personalrekrutierung ableitbar. Da aber alle in dieser Studie untersuchten Länder seit 1989 den selben Richtlinien der Europäischen Union[39] unterliegen, bestehen hier keine unterschiedlichen Einflüsse auf die Personalrekrutierung im Internet, weshalb die Bildung einer Hypothese entfällt.

4.5 Einflüsse des ökonomischen Systems

Das ökonomischen System beschreibt die wirtschaftliche Umwelt der Unternehmung. SKINNER (1964: 131) fasst unter diesem System sowohl die makroökonomischen Einflüsse („globale Umwelt") ,wie Währungsstabilität, Wirtschaftswachstum etc., als auch die mikroökonomischen Einflüsse („Aufgabenumwelt") – wie zum Beispiel Konkurrenzdruck, Macht der Zulieferer etc. – zusammen. HUNGENBERG (2000: 310) unterscheidet weiterhin zwischen Faktoren, die Einfluss auf ganze Wirtschafträume haben und solchen, die spezifisch nationale Volkswirtschaften betreffen. Die länderübergreifenden Faktoren sollen hier nur dann Beachtung finden, wenn sie nicht in jedem der untersuchten Länder gleichgestaltet sind.

4.5.1 Unternehmensexterne ökonomische Einflüsse

Mögliche unternehmensexterne, makroökonomische Einflussfaktoren auf ein Unternehmen sind generell zum Beispiel das Wirtschaftswachstum, die Kaufkraft, Zinsen

---

[38] Hier zeigt sich die Relevanz des in Kapitel 2.4.2. erörterten Erfolgskriteriums „Praktikabilität" der Personalauswahl.

[39] Insbesondere die European „Social Charta" und das dazugehörige „Social Action Program".

oder das Bruttoinlandsprodukt (Berndt / Altobelli / Sander 1999: 16). Stärkster makroökonomischer Einflussfaktor für die hier behandelte Problematik ist mit Sicherheit die Arbeitslosenquote als mögliche Triebfeder zum Einsatz neuer Rekrutierungswege. Es ist davon auszugehen, dass bei einer hohen Arbeitslosenquote auch weniger Personalwerbung (sowohl im Internet als auch in den klassischen Medien) betrieben wird, da ein genügend großer Bewerberpool bereits vorhanden ist. Dagegen gewinnt die Personalauswahl in diesen Situationen massiv an Bedeutung, da es u.U. gilt, einen starken Bewerberstrom zu koordinieren. Eine Vorauswahl unter diesen Bewerbern ist effizient durch das Internet möglich, weshalb die Personalauswahl über die Personalhomepage in Zeiten starker an Bedeutung gewinnen wird. Daraus ergibt sich zusammengefasst folgende Hypothese:

Hypothese 10: Je höher die Arbeitslosigkeit in einer Nation, desto weniger Personalwerbung über die Personalhomepage wird betrieben.

Hypothese 11: Je höher die Arbeitslosigkeit in einer Nation, desto häufiger werden Auswahlinstrumente auf der Personalhomepage eingesetzt.

Ein weiterer bedeutender Einfluss des ökonomischen Systems sind die bisher im Landesdurchschnitt eingesetzten Methoden zur Personalauswahl[40]. Es erscheint plausibel, dass in Ländern, in den schon immer eher auf persönliche Impressionen, wie zum Beispiel bei Einstellungsinterviews, Wert gelegt wurde, das Internet weniger für die Personalauswahl genutzt wird als in Nationen, in denen eher mit, im Sinne der in Abschnitt 2.4.2 genannten Erfolgskriterien, wissenschaftlich fundierten Methoden gearbeitet wird, da sich der persönliche Entscheidungsspielraum im Internet verringert.

Hypothese 12: Werden in einer Nation zur „herkömmlichen Rekrutierung" eher kompliziertere Methoden zur Personalauswahl, wie Tests oder As-

[40] Für einen Überblick über die in den verschiedenen Ländern eingesetzten Methoden zur Personalauswahl siehe zum Beispiel SMITH / ABRAHAMSON (1992), SCHULER / FRIER / KAUFFMANN (1993) oder GAUGLER / WILTZ (1992).

sessment - Center, eingesetzt, so wird das Internet häufiger (Anzahl der Einsätze pro Nation) für die Personalauswahl genutzt als in Ländern wo dies nicht der Fall ist.

Hypothese 13: Werden in einer Nation zur „herkömmlichen Rekrutierung“ eher kompliziertere Methoden zur Personalauswahl, wie Tests oder Assessment - Center, eingesetzt, so wird das Internet intensiver (durchschnittliche Anzahl der Tests pro Unternehmen) für die Personalauswahl genutzt als in Ländern wo dies nicht der Fall ist.

Ein weiterer Einflussfaktor auf die Nutzung der Personalrekrutierung über die Personalhomepage kann zum Beispiel die allgemeine wirtschaftliche Lage des jeweiligen Landes und seiner Unternehmen als Kennzeichen für die Investitionskraft in neue Technologien sein. Auch hier zeigen sich die bereits oben geschilderten Überschneidungen und Interdependenzen zwischen den einzelnen Systemen. Da jedoch die wirtschaftliche Lage aller untersuchten Länder Investitionen in diese Technologien möglich machen sollte, wird dieser Einflussfaktor hier nicht weiter betrachtet.

4.5.2 Unternehmensinterne ökonomische Einflüsse

Eine Aufnahme „unternehmensinterner“ Einflüsse scheint auf den ersten Blick der makroökonomischen Perspektive dieser Untersuchung zu widersprechen. Als unternehmensinterne Einflüsse werden hier jedoch nicht Personalstrategie, Unternehmenskultur oder ähnliche Faktoren verstanden, sondern die von Entscheidern nur mittelbar beeinflussbaren Größen wie Marktkapitalisierung oder Branche. Somit wird die makroökonomische Perspektive gewahrt. Betrachtet man diese unternehmensinternen Einflüsse, so erscheint ein Zusammenhang zwischen Unternehmensgröße und Personalrekrutierung über die Personalhomepage konstruierbar zu sein. Es erscheint folgerichtig, dass große Unternehmen eher eine Personalrekrutierung über die Personalhomepage betreiben, als kleinere Unternehmen, da sie mehr finanzielle und personelle Ressourcen zur Verfügung haben und eine systematischere Personalrekrutierung betreiben (vgl. Schneider 1995: 143f.). Unternehmensgröße wird dabei durch die Marktkapitalisierung des jeweiligen Unternehmens dargestellt. Diese

Gleichsetzung erfolgt, da der Börsenkurs nicht nur Gewinn, Umsatz und Mitarbeiterzahl sondern auch die Intensität der Zukunftsorientierung eines Unternehmens reflektiert. Da Zukunftsorientierung in engem Zusammenhang mit technologischem Fortschritt steht wird angenommen, dass eine hohe Marktkapitalisierung eher auf den Einsatz moderner Managementinstrumente, wie der Personalrekrutierung über die Personalhomepage, schließen lässt, als eine reine Betrachtung von Mitarbeiterzahl oder Umsatz.

Des weiteren lässt sich ein Zusammenhang zwischen der Branche des untersuchten Unternehmens und der Einsatzhäufigkeit der Personalrekrutierung im Internet erstellen. So werden Unternehmen aus innovativen Branchen, wie der IT - Branche eher und intensiver Personalrekrutierung über die Personalhomepage betreiben als zum Beispiel Unternehmen aus dem Maschinenbau, da sie sich aufgrund ihrer Firmenkultur in der Regel wohl dem Internet näher fühlen. Dies ist jedoch nicht auf die Branche an sich, sondern, in Anlehnung an PORTER[41] (1981: 609ff.; 1989: 22ff.; 1990: 25ff.)), auf das Branchenumfeld zurückzuführen, womit es sich auch hier eher um eine unternehmensexterne Einflussgröße handelt. Folglich werden die nachkommenden Hypothesen aufgestellt:

Hypothese 14: Je höher die Marktkapitalisierung eines Unternehmens, desto eher wird es die Personalrekrutierung über die Personalhomepage einsetzen.

Hypothese 15: Je höher die Marktkapitalisierung eines Unternehmens, desto intensiver wird es die Personalrekrutierung über die Personalhomepage betreiben.

Hypothese 16: Unternehmen aus „modernen" Branchen betreiben häufiger Personalrekrutierung über die Personalhomepage als Unternehmen aus an-

[41] Porter entwickelte das Modell der „5 Forces", das fünf branchenbezogene Einflussfaktoren umfasst: Lieferantenmacht, Nachfragermacht, Bedrohung durch Substitutionsprodukte, Bedrohung durch neue Anbieter und Rivalität zwischen den Wettbewerbern.

deren Branchen.

Hypothese 17: Unternehmen aus „modernen" Branchen betreiben intensivere Personalrekrutierung über die Personalhomepage.

Hypothese 18: Unternehmen aus „modernen" Branchen bieten mehr Auswahlverfahren auf der Personalhomepage an als Unternehmen aus anderen Branchen.

Natürlich gibt es weitere Einflussfaktoren auf die Personalrekrutierung über die Personalhomepage. Die spezielle Unternehmenskultur, die Strategie der Unternehmung oder persönliche Einstellungen der Entscheider seien hier als Beispiele genannt. Da diese Studie sich darauf konzentriert, die wichtigsten umfeldbedingten Einflussvariablen zu erarbeiteten und zu überprüfen, werden diese Einflüsse hier nicht weiter verfolgt.

5 DIE EMPIRISCHE ÜBERPRÜFUNG DER HYPOTHESEN I: AUFBAU UND ABLAUF

5.1 Vorbemerkungen zum Erhebungsinhalt

In diesem Kapitel wird die Vorgehensweise der empirischen Untersuchung erörtert. Ziel der Erhebung war es, Indizien für die Korrektheit bzw. Inkorrektheit der im vorherigen Kapitel aufgestellten Hypothesen über die Einflussfaktoren auf den Einsatz und die Einsatzformen der Personalrekrutierung über die Personalhomepage zu finden. Hierzu wurden die Personalhomepages von 150 Unternehmen einer Untersuchung unterzogen. Eine Beschreibung der Auswahl der Stichprobe und der empirischen Arbeit findet sich in den folgenden Abschnitten. Die aus der Untersuchung gewonnenen Informationen werden dann in Kapitel 6 vorgestellt und in bezug auf die Hypothesen ausgewertet.

Parallel zur im Folgenden geschilderten Primärforschung wurden Daten zu den Länderkennzahlen der Dimensionen von Hofstede, den Nutzerzahlen des Internet, den Arbeitslosenzahlen, der Marktkapitalisierung und den bisherigen länderspezifischen Rekrutierungsmethoden mittels Sekundärforschung über Literatur und Datenbanken gewonnen. Auf die Form der sekundären Datengewinnung wird hier jedoch nicht weiter eingegangen. Einen Überblick über die genutzten Quellen gibt das Literaturverzeichnis. Eine Auflistung der zur Hypothesenüberprüfung gewonnenen Informationen, wie zum Beispiel der Arbeitslosenquoten und der Internetnutzer, findet sich in Kapitel 6.

5.2 Das Erhebungsverfahren und die Stichprobe

Zur Überprüfung der Hypothesen wurden in einer Studie die Personalhomepages von jeweils 50 Unternehmen aus Italien, Großbritannien und Deutschland untersucht. Die Daten wurden im Rahmen einer Beobachtung, die aus kommunikationswissenschaftlicher Sicht auch als eingeschränkte Inhaltsanalyse[42] gesehen werden kann, im August 2001 über das World Wide Web erhoben. Hierbei wurde nach dem in Kapitel 5.3. näher erläuterten Beobachtungsverlauf verfahren.

Eine Beobachtung an sich zeichnet sich dadurch aus, dass sich der festzustellende Sachverhalt nicht aufgrund einer Erklärung einer Auskunftsperson, sondern unmittelbar aus der Sache selbst ergibt (Hüttner 1989: 115; Nieschlag / Dichtl / Hörschgen 1997: 746f.). Nach HAMMANN / ERICHSON (2000: 118) handelt es sich bei dieser Untersuchung um den speziellen Fall der „teilnehmenden Beobachtung“, da der Beobachter die untersuchten Homepages in der angenommenen Rolle eines Bewerbers anhand der in den folgenden Abschnitten dargestellten Kriterien überprüft hat[43]. Vorteile einer Beobachtung gegenüber anderen Erhebungsmöglichkeiten sind zum Beispiel der gesicherte Datenrückfluss, der Wegfall situativer Einflüsse auf einen Befragungspartner, die fehlende Möglichkeit der Falschinformation und, im speziellen Fall der Beobachtung im World Wide Web, die biotische Situation, da die beobachtete Unternehmung sich der Beobachtung in keiner Form bewusst ist und somit keine Verzerrungen durch wunschgemäße oder fingierte Antworten vorliegen (Unger 1989: 35ff.; Berekoven / Eckert / Ellenrieder 1989: 118f.). Als negatives Kriterium sei in diesem Fall nur anzumerken, dass nicht beobachtbare Daten, wie zum Beispiel der Rückfluss an Bewerbungen, nicht in die Untersuchung mit eingehen konnten. Da dies jedoch nicht Untersuchungsgegenstand dieser Erhebung ist, kann dieser Nachteil vernachlässigt werden.

Die Ziehung der Stichprobe erfolgte nach dem Cut off – Verfahren, einem Verfahren, bei dem eine Konzentration auf den Teil der Grundgesamtheit erfolgt, der als we-

---

[42] Auf eine umfassende Inhaltsanalyse, zum Beispiel nach dem Schema von RÖSSLER / EICHHORN (1999), wurde verzichtet, da nur Teile der Homepage für die Untersuchung von Belang waren.

[43] Im Gegensatz zur Beobachtung des Verhaltens von Personen, welches bei einer teilnehmenden Beobachtung natürlich auch durch das Verhalten des Beobachters beeinflusst wird, ergibt sich bei der Beobachtung von interaktiven Medieninhalten keine Beeinflussung. Dadurch besteht die Gefahr einer Verzerrung durch individuelle Einwirkung in diesem Falle nicht. Ebenso ist nicht mit ethischen oder gar juristischen Problemen zu rechnen, die ansonsten ein weiteres Problem bei der Durchführung von Beobachtungen ergeben.

sentlich in Bezug auf den Erhebungsgegenstand erachtet wird. Die Stichprobe umfasste jeweils diejenigen 50 börsennotierten Unternehmen mit der größten Marktkapitalisierung in den drei untersuchten Ländern. Um Überschneidungen bzw. die mehrmalige Analyse der gleichen Seite zu vermeiden, wurde auf die Analyse der Personalhomepages von Tochterunternehmen, wie zum Beispiel der Allianz-Lebensversicherung, verzichtet, wenn sie keine eigenständige Homepage besaßen. Dafür rückte dann die nächstgrößere Unternehmung in die Stichprobe. Die Auswahl anhand der Marktkapitalisierung erfolgte zum einen aufgrund der bereits in Abschnitt 4.5.2 beschriebenen Faktoren, die auf eine Konzentration der Aktivitäten zur Personalrekrutierung über die Personalhomepage auf Unternehmen mit hoher Marktkapitalisierung schließen lassen. Zum anderen erfolgte sie auch aufgrund forschungsökonomischer Gründe, da die Daten über die jeweiligen Börsen leicht einsehbar und mit geringem Aufwand an Zeit und Kosten beschaffbar sind. Basis der Marktkapitalisierung waren die Börsenschlusskurse vom 03.08.2001. Eine detaillierte Auflistung der Unternehmen und ihrer untersuchten Homepages findet sich im Anhang.

5.3 Ablauf der Beobachtung und Konstruktion der Variablen

Für die Datenerhebung wurde ein standardisierter Beobachtungsablauf konstruiert. Im Folgenden werden die in der Erhebung überprüften Variablen und der Ablauf ihrer Erhebung kurz näher erläutert.

Zuerst wurden Nationalität (NATION) und Marktkapitalisierung (MARKCAP) des jeweiligen Unternehmens festgehalten und dann die Homepage des Unternehmens besucht. Als Homepage wurde dabei die landesspezifische WWW-Adresse[44] der jeweiligen Unternehmung angenommen. Gab es keine Homepage der Unternehmung, wurde die Untersuchung beendet. War eine Homepage vorhanden, wurde mit der Zu-

[44] Also eine .it – Adresse für alle italienischen Unternehmen, eine .co.uk – Adresse für Unternehmen aus Großbritannien und eine .de – Adresse für deutsche Unternehmen. War eine solche Adresse nicht vergeben, wurde mit einer landesspezifischen Suchmaschine die Homepage der Unternehmung ermittelt.

ordnung des Unternehmens zu einer Branche[45] (Variable BRANCH) begonnen. Durch diese Zuordnung sollte ermittelt werden, wie sich die antwortenden Unternehmen auf die einzelnen Branchen verteilen. Weiter sollte hiermit, vor allem in Bezug auf Hypothese 14 und Hypothese 15, untersucht werden, ob sich branchenspezifische Besonderheiten erkennen lassen.

Befand sich auf der Homepage des Unternehmens ein Link zu einer zentralen, firmenweiten Personalseite, wurde diesem gefolgt. In anderen Fällen wurde nach den folgenden Kernprinzipien verfahren:

- *Prinzip des Firmenhauptsitzes*: Führten von der Homepage des Unternehmens mehrere Links zu verschiedenen Personalhomepages (zum Beispiel verschiedener Unternehmenssparten), so wurde dem Link gefolgt, der zur Personalhomepage des Hauptsitzes der Unternehmung führt.

- *Prinzip des „Best Pick":* Gab es keinen Link zu einer Personalhomepage am Hauptsitz des Unternehmens, wurde diejenige inländische Homepage der Unternehmung ausgewählt, welche die fortschrittlichsten Angebote zur Personalrekrutierung anbot.

- *Verfahren bei Fehlern:* Lagen technische Probleme auf der Personalhomepage oder im Prozess der Bewerbung (zum Beispiel ein „page not found" Fehler, siehe Abbildung 12) vor, so wurde die Auswertung der Seite abgebrochen und nach 3 Tagen erneut durchgeführt.

- *Verfahren bei nicht-vorhandener Seite:* Gab es keinen Link zu einer Personalhomepage, so wurde die Untersuchung beendet.

---

[45] Folgende Branchen wurden klassifiziert: Elektrotechnik/Elektronik, Maschinen- und Anlagenbau, Handel, Banken und Versicherungen, Textil/Bekleidung/Schuhe, Nahrungs- und Genussmittel, Metallproduktion und –verarbeitung, Fahrzeugbau inkl. Zulieferer, Chemie/Kosmetik/Pharmazie, IT/Kommunikation, Energie, Logistik & Verkehr.

Abbildung 12: Beispiel für einen Fehler bei Unilever

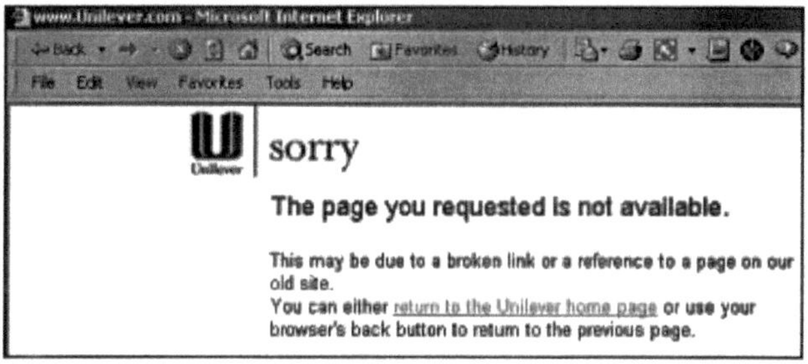

Quelle: http://www.unilever.com

Befand man sich auf der Personalhomepage, so wurden unter Bezugnahme auf die in Kapitel 4 erarbeiteten Hypothesen die Merkmale der Personalwerbung sowie der Personalauswahl über die Personalhomepage erhoben. Es wurde dabei auf die in den Abschnitten 3.3 und 3.4 erarbeiteten Besonderheiten der Personalrekrutierung über die Personalhomepage zurückgegriffen. Den Ablauf zeigt auch Abbildung 13.

Begonnen wurde mit der Personalwerbung und zwar in enger Orientierung an den bereits oben[46] genannten Funktionen der Personalwerbung. Zur Überprüfung der Selektionsfunktion wurde überprüft, inwieweit ein Angebot an Tests nur für den Bewerber besteht, die den Fit zwischen Bewerber und Unternehmen überprüfen, ohne dass die Ergebnisse an das Unternehmen weitergeleitet werden. Es ergab sich die entsprechende nominale, binäre Variable SELECT mit den möglichen Ausprägungen 0="kein Angebot" und 1="Angebot vorhanden". Zur Aktionsfunktion wurde, analog zu den vorne erarbeiteten Kriterien, zuerst die Erreichbarkeit der Personalhomepage getestet. Hierzu wurde kontrolliert, ob ein direkter Link von der Homepage des Unternehmens auf die Personalhomepage besteht. Es ergab sich die nominal skalierte Variable ACTIO01 mit den Merkmalsausprägungen 0="kein Link" und 1="Link vorhanden". Im weiteren Verlauf wurde überprüft, ob eine Onlinebewerbung möglich ist, die durch den ausbleibenden Medienbruch ebenfalls Einfluss auf die Aktivierung möglicher Bewerber hat. Die entsprechende nominale Variable ACTIO02 besaß die möglichen Ausprägungen 0="keine Online-Bewerbung möglich" und 1="Online-

[46] Siehe Kapitel 2.2. sowie 3.3.

Bewerbung möglich". Um eine zusammenfassende Bewertung der Aktionsfunktion möglich zu machen, wurden die beiden Variablen im Anschluss an die Untersuchung zusammengefasst. Es ergab sich eine metrische Variable ACTIOCOM mit den extremen Ausprägungen 0 und 2, bzw. „keine aktionsspezifischen Funktionen" und „Link auf Homepage und online Bewerbung möglich".

Die Informationsfunktion wurde anhand von fünf Kriterien mit binären Ausprägungen (0="Nein" und 1="Ja") überprüft:

- Werden konkrete Stellen online ausgeschrieben? (INFORM01)
- Ist ein Newsletter zu freien Stellen oder Unternehmensnachrichten vorhanden? (INFORM02)
- Werden freie Stellen unter Anwendung der multimedialen Fähigkeiten des Internet (also mittels Audio- und/oder Videodateien) beschrieben? (INFORM03)
- Gibt es Informationen zu Karrieremöglichkeiten bzw. typischen Karrierestufen und wenn ja in welchem Umfang? (INFORM04)
- Wird ein Informations-Chat mit Firmenangehörigen angeboten? (INFORM05)

Zur Überprüfung von Hypothesen, die sich insbesondere mit der Intensität der Informationsfunktion befassen, wurden diese Punkte dann zu einer Gesamtvariable INFCOMPL zusammengefasst, indem die positiven Antworten auf die überprüften Kriterien addiert wurden. Somit ergab sich eine metrische Variable mit den möglichen Ausprägungen 0="keine Elemente zur Information" bis 5="5 Elemente zur Informationsfunktion".

Nach der Überprüfung der Personalwerbung wurde die Ausprägung der Personalauswahl über die Personalhomepage geprüft. Hierzu wurde getestet ob, welche und wie viele Auswahlverfahren auf der Homepage angeboten werden (SELECTNO mit den Ausprägungen 0 bis 3[47]). In der Frage der Form des Auswahlverfahrens wurde dabei zwischen Tests ohne Spielcharakter und Online-Spielen unterschieden (SELECTKI

[47] In der Literatur findet sich kein Beispiel für Unternehmen, die mehr als drei Auswahlverfahren auf der Homepage anbieten. Deshalb wurde hier der Maximalwert 3 gewählt.

mit den Ausprägungen „1=ohne Spielcharakter“ und „2=mit Spielcharakter“). SELECTNO drückt dabei auch die Intensität der Personalauswahl über die Personalhomepage aus.

Um Hypothesen, die sich mit der Intensität der Rekrutierung über die Personalhomepage beschäftigen (zum Beispiel Hypothese 14 oder 16), überprüfen zu können, wurde „hohe Intensität“ mit der „Existenz vieler Elemente“ der Personalwerbung und der Personalauswahl gleichgesetzt. Mit steigender Anzahl von eingesetzten Instrumenten erhöhte sich also auch die Intensität der Personalrekrutierung über die Personalhomepage. Für die Personalwerbung wurden hier die Merkmalsausprägungen von SELECT, ACTIOCOM und INFCOMPL addiert und somit zu einer neuen metrischen Variable PMARKET mit den möglichen extremen Ausprägungen 0=“keine Personalwerbung“ und 8=“8 Elemente zur Personalwerbung“ zusammengefasst. Wie bereits oben erläutert wurde für die Personalauswahl der Wert SELECTNO als Indikator für die Intensität konstruiert. Aus der Addition von SELECTNO und PMARKET ergab sich dann die Variable PRPOWER zur Darstellung der Intensität der Personalrekrutierung mit den möglichen Ausprägungen 0 bis 11.

Wurde nur das Vorhandensein einer Personalrekrutierung auf der Personalhomepage überprüft, so wurde sie bereits dann als vorhanden angesehen, wenn nur eine der überprüften Variablen zur Personalwerbung oder zur Personalauswahl positiv war. Dies Entspricht der Variablen ANYPR, mit den möglichen Ausprägungen 0=“keine Personalrekrutierung über die Personalhomepage vorhanden“ und 1=“Personalrekrutierung über die Personalhomepage vorhanden“.

Eine Überblick über den Ablauf der empirischen Untersuchung gibt die folgende Grafik.

Abbildung 13: Ablauf der empirischen Untersuchung

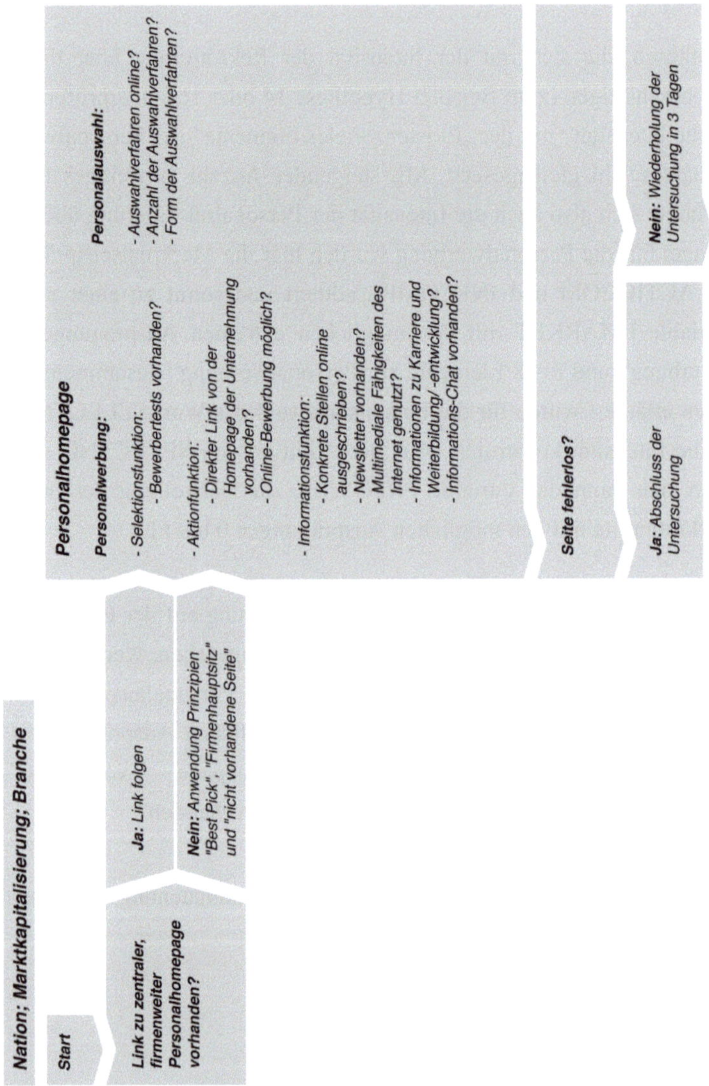

Quelle: Eigene Darstellung

6 DIE EMPIRISCHE ÜBERPRÜFUNG DER HYPOTHESEN II: ERGEBNISSE

6.1 Einführung in die Ergebnisse der empirischen Untersuchung

In diesem Kapitel werden die Ergebnisse der im vorangegangenen Kapitel dargestellten empirischen Untersuchung vorgestellt. Zu Beginn erfolgt ein kurzer Abschnitt, der deskriptiv die gewonnenen Daten zu den einzelnen Funktionen der Personalrekrutierung im nationalen Vergleich aufzeigt. Im Anschluss daran werden die in Kapitel 4 vorgestellten Hypothesen einzeln anhand der empirisch gewonnenen Daten überprüft. Darauf folgt ein Abschnitt, in dem multivariate Regressionsmodelle für die Variablen „Personalrekrutierung über die Personalhomepage vorhanden?“ (ANYPR) und „Intensität der Personalrekrutierung über die Personalhomepage?“ (PRPOWER) entwickelt werden. Es wird also der Versuch unternommen, umfassendere Erklärungsmodelle für diese beiden Variablen zu finden. Im letzten Abschnitt dieses Kapitels werden dann die gewonnenen Erkenntnisse zusammengefasst.

Ein erstes Ergebnis der Untersuchung muss dem Kapitel vorangestellt werden, da es die Verifizierung der Hypothesen massiv beeinflusst: Keines der untersuchten Unternehmen bietet Elemente zur Personalauswahl auf der Personalhomepage an. Dieses Ergebnis ist insofern überraschend, da (zumindest in Deutschland) in der Literatur dieses Thema in den letzten Jahren intensiv diskutiert wurde (zum Beispiel Lamprecht / Mailahn 1998; Reichert 1999; Crusius 2000; Wild / Fontaine, Schafsteller 2001). Die Begründung für das Fehlen solcher Elemente wird wahrscheinlich in den in Kapitel 3.4. bereits erwähnten Problemen, wie der mangelnden Vergleichbarkeit von offline und online Ergebnissen und der daraus resultierenden Unsicherheit über den Sinn eines Einsatzes, liegen. Auch STAUFENBIEL / GIESEN (2000: 24) begründen eine ähnliche Erkenntnis in ihrer Studie mit dem momentan noch „experimentellen“ Stadium, in dem sich die Personalrekrutierung über die Personalhomepage befinde. Es wurden mehrere Interviews mit Beauftragten für die Personalhomepage von verschiedenen Unternehmen geführt, in denen die Experten diesen überraschenden Befund auf verschieden Tatsachen zurückgeführt haben. Es zeigte sich, dass „weiche“ Kriterien nach Meinung mancher Experten am besten im persönlichen Gespräch überprüft würden und aus diesem Grund das Internet nicht oder nur in geringem Maße zur Personalauswahl genützt werde. Weitere mögliche Begründungen der Experten waren der hohe Aufwand, der mit der Konstruktion von Tests für eine Vielzahl unterschiedlicher Positionen verbunden sei und eine generelle Unsicherheit über die Validität von internetgestützten Auswahlverfahren (Irle 2001; Stephan 2001; Kürn 2001; Przybyl 2001). Die Tatsache, dass Elemente zur Personalauswahl nicht verwendet wurden, lässt eine Überprüfung der entsprechenden Hypothesen nicht zu. Somit entfällt die Verifizierung der betreffenden Hypothesen.

Da zur Überprüfung der übrigen Hypothesen, wie bereits in Kapitel 5.1. geschildert, Daten aus Sekundärquellen zu beschaffen waren, werden die für die Hypothesenüberprüfung relevanten Daten hier kurz tabellarisch dargestellt (Tabelle 1). Es handelt sich hier insbesondere um die Ausprägungen der Kulturdimensionen nach Hofstede, die Arbeitslosenquoten der untersuchten Nationen und die Zahlen zu den Internetnutzern der untersuchten Länder.

Tabelle 1: Daten zur Hypothesenüberprüfung aus der Sekundärforschung

	D	**UK**	**IT**
Hofstedes Kulturdimensionen			
Machtdistanz (POWERDIS)	35	35	50
Individualismus (INDIVID)	67	89	76
Maskulinität (MASCULIN)	66	66	70
Ungewissheitsvermeidung (UNCERT)	65	35	75
Arbeitslosenquote 2000 (UNEMRATE)	7,9%	5,5%	10,5%
Internetnutzer 2000 (absolut) (ANETUSE)	23,4 Mil.	17,9 Mil.	11,6 Mil.
Internetnutzer 2000 (relativ) (RENETUSE)	28,6%	30,8%	20,32%

Quellen: Hofstede (1992: 312f.), OECD (2001: o.S.), Europeprofile (2001: 1) und Eimeren / Gerhard (2000: 338).

6.2 Deskriptive Ergebnisse der empirischen Untersuchung

In diesem Abschnitt werden die grundlegenden Ergebnisse der empirischen Überprüfung kurz deskriptiv aufbereitet. Hierbei wird besonderes Augenmerk auf die nationalen Unterschiede in der Personalrekrutierung über die Personalhomepage und ihre Ausprägungen gerichtet. Insgesamt betreiben 64% aller Unternehmen der Stichprobe die Personalrekrutierung über die Personalhomepage (ANYPR). Tabelle 2 zeigt dabei auf, in welchem der untersuchten Länder (NATION) am häufigsten Personalrekrutierung über die Personalhomepage betrieben wird. Hier nimmt Deutschland deutlich die Spitzenposition vor Großbritannien und Italien ein.

Tabelle 2: Kreuztabellierung NATION und ANYPR

Anzahl

		NATION			
		Großbritannien	Italien	Deutschland	Gesamt
ANYPR	Nein	17	34	3	54
	Ja	33	16	47	96
Gesamt		50	50	50	150

Quelle: Eigene Erhebung

Während in Deutschland 94% der untersuchten Unternehmen Personalrekrutierung über die Personalhomepage betreiben, sind dies in England nur 66% und in Italien nur 32% der untersuchten Unternehmen. Dieses Ergebnis verstärkt aufgrund der ermittelten Unterschiede die in Kapitel 4 dargestellte Grundthese, dass es nationale Einflussfaktoren auf den Einsatz der Personalrekrutierung über die Personalhomepage gibt.

Der Zusammenhang zwischen der Anzahl der angebotenen Elemente zur Unterstützung der Informationsfunktion in der Personalwerbung (INFCOMPL)[48] und dem Herkunftsland der Unternehmung zeigt eine ähnliche Verteilung wie in bezug auf A-NYPR (siehe Abbildung 14). Insgesamt wurden die Personalhomepages auf 5 mögliche Elemente zur Informationsfunktion überprüft, die Grafik zeigt den Mittelwert der insgesamt pro Unternehmen in jeder Nation angebotenen Elemente. Auch hier liegt

[48] Vergleiche Kapitel 5.3.

also Deutschland mit im Mittel 2,6 angebotenen Elementen zur Informationsfunktion vor Großbritannien mit 2,3 und Italien mit 1,6 angebotenen Elementen. In diese Darstellung gehen allerdings nur diejenigen Unternehmen ein, die überhaupt Personalrekrutierung über die Personalhomepage betreiben (also mit ANYPR=1).

Abbildung 14: Herkunftsland (NATION) und durchschnittliche Anzahl der angebotenen Elemente zur Unterstützung der Informationsfunktion (INFCOMPL)

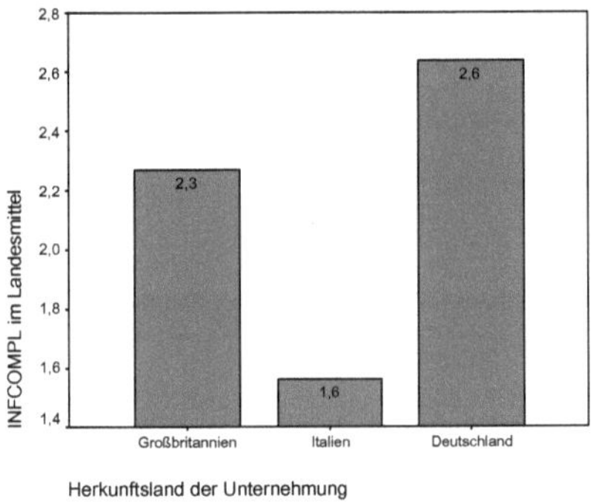

Quelle: Eigene Erhebung

Ein analoges Ergebnis liefert auch die Analyse der angebotenen Elemente zur Aktionsfunktion[49]. Hier liegt ebenfalls Deutschland (im Mittel 1,6 Angebote) vor Großbritannien (1,1) und Italien (0,7). In bezug auf die Selektionsfunktion ändert sich das Bild ein wenig, allerdings auf insgesamt niedrigem Niveau. In Italien bietet kein Unternehmen Elemente zur Selbstselektion an, in Großbritannien sind dies drei Unternehmen, in Deutschland zwei. Zusammenfassend ergibt sich aus den angebotenen Elementen die Variable PRPOWER, welche die Intensität der Personalrekrutierung über die Personalhomepage darstellt. Abbildung 15 zeigt die mittleren PRPOWER – Ausprägungen für die einzelnen Nationen.

Es zeigt also auch in der Analyse der Intensität der Personalrekrutierung über die Personalhomepage, dass es starke Unterschiede zwischen den Ausprägungen in den un-

[49] Zur Konstruktion der Variable siehe Kapitel 5.3.

tersuchten Nationen gibt. Deutschland liegt auch deutlich an der Spitze, gefolgt von Großbritannien und Italien.

Abbildung 15: Herkunftsland (NATION) und durchschnittliche Intensität der Personalrekrutierung über die Personalhomepage (PRPOWER)

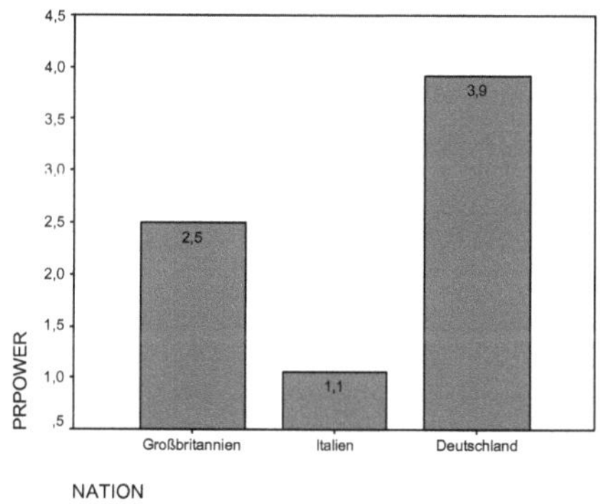

Quelle: Eigene Erhebung

6.3 Empirische Überprüfung der aufgestellten Hypothesen

In den folgenden Abschnitten werden die aufgestellten Hypothesen einer Überprüfung anhand der empirisch ermittelten Daten unterzogen. Die Überprüfung der prognostizierten Zusammenhänge zwischen den Variablen erfolgt dabei vor allem mit Hilfe von Korrelations-, Varianz und Regressionsanalysen, Kreuztabellierungen und Kontingenzanalysen.

6.3.1 Empirische Überprüfung der Hypothese 2

Die Hypothese 2 beschreibt den Einfluss der Ausprägung der nationalen Machtdistanz nach Hofstede (POWERDIS) auf die Informationsfunktion der Personalwerbung über die Personalhomepage (INFCOMPL). Es gilt zu überprüfen, ob ein höherer Wert von POWERDIS zu einer höheren Ausprägung von INFCOMPL führt. Tabelle 3 zeigt in einer Kreuztabelle die in der Erhebung gewonnenen zusammengefassten Daten zu INFCOMPL[50] und die dazugehörigen Ausprägungen von POWERDIS. Die

[50] Zur Konstruktion und Zusammensetzung der Variable siehe Kapitel 5.3.

Tatsache, dass 80 Werte den gleichen POWERDIS - Wert innehaben beruht auf der Gegebenheit, dass Deutschland und Großbritannien dort den selben Indexwert aufweisen (35). Italien weist für POWERDIS den Wert 50 auf. Die Grundgesamtheit beträgt deshalb nur N=96, da insgesamt nur 96 Unternehmen der Stichprobe Personalrekrutierung über die Personalhomepage betreiben. Unternehmen, die keine Personalrekrutierung über die Personalhomepage (also mit ANYPR=0) betreiben wurden nicht in die Analyse aufgenommen, da sich die Hypothese auf die Ausprägung von INFCOMPL bei vorhandener Personalrekrutierung im Internet bezieht..

Tabelle 3: Kreuztabelle INFCOMPL und POWERDIS

Anzahl

		POWERDIS		
		35	50	Gesamt
INFCOMPL	0	2	3	5
	1	17	5	22
	2	12	4	16
	3	40	4	44
	4	7		7
	5	2		2
Gesamt		80	16	96

Quelle: Eigene Erhebung

Unterzieht man beide Werte einer Korrelationsanalyse nach Bravais-Pearson so ergibt sich eine auf dem Signifikanzniveau von 0,01 (2-seitig) signifikante schwache Korrelation mit dem Korrelationskoeffizienten von $\mathbf{r_{PEAR}= -0{,}307}$. Es besteht also laut Korrelationsergebnis, im Gegensatz zur Hypothesenaussage, ein signifikanter *negativer* Zusammenhang zwischen POWERDIS und INFCOMPL. Fraglich ist jedoch die Richtung des Zusammenhangs. Da beide Variablen metrisch skaliert sind, bietet sich zur weiterführenden Analyse der Beziehung (Ursachenanalyse) zwischen den Variablen eine lineare Regressionsanalyse an. Linearität kann in diesem Fall nach Analyse der Residuen (mit R^2= 0,307, also zu 30,7% erklärter Varianz) nur als Approximation erfolgen. Das in Realität keine Linearität vorliegt, zeigen schon die in der Kreuztabelle dargestellten Merkmalsausprägungen, da hier im Falle von Linearität alle Werte mit identischer POWERDIS auch eine identische Ausprägung von INFCOMPL vorweisen müssten. Trotzdem wird der Versuch einer linearen Regressionsanalyse unternommen. Der Hypothese entsprechend wird INFCOMPL dabei als abhängige Variable, POWERDIS als unabhängige Variable definiert. Es ergibt sich folgendes Regressionsmodell: $\mathbf{x_{INFCOMPL} = 4{,}646 - 0{,}0617 y_{POWERDIS}}$. Auch hier zeigt sich, parallel zur Korrelationsanalyse, das der Hypothese widersprechende Ergebnis: Verstärkung der Ausprägung von INFCOMPL bei sinkender POWERDIS. Auch wenn die Regressionsfunktion die tatsächlichen Merkmalsausprägungen nur unvollständig erklären kann, so besteht (in Verbindung mit dem Ergebnis der Korrelation) doch ein auf geringem Niveau signifikanter NEGATIVER Zusammenhang zwischen POWERDIS und INFCOMPL. Daraus ergibt sich folgendes Ergebnis der Hypotheseüberprüfung:

Empirische Überprüfung Hypothese 2: Die Hypothese kann nicht verifiziert werden. Es ergibt sich im Gegenteil aus der Analyse der empirisch gewonnenen Daten ein der Hypothese widersprechendes Ergebnis.

Eine mögliche Begründung für die tendenzielle Ablehnung der Hypothese liegt in der besonderen Verteilung der POWERDIS – Werte in der Stichprobe. So haben Großbritannien und Deutschland hier eine identische Merkmalsausprägung. Nur eine Ausweitung der Untersuchung auf weitere Nationen könnte in diesem Fall Gewissheit über die Wirkungsrichtung von POWERDIS erbringen. Andererseits wäre es auch möglich, dass weitere Einflussfaktoren auf INFCOMPL wirken, die der Wirkungsrichtung der Hypothese entgegenwirken und diese somit überkompensieren. Hier wäre zum Beispiel an eine unterschiedliche Einstellung zum Personalmarketing, Marketing oder zur Informationspolitik von Unternehmen denken. Weiterhin ist zu Bedenken, dass u.U. der Einsatz des Internet bereits eine offene Einstellung gegenüber neuen Ideen voraussetzt. Da vor allem das Internet und Anwendungen im Rahmen des Internet teilweise starke Umbrüche innerhalb der Organisation mit sich ziehen, könnten Entscheider aus Nationen mit hoher POWERDIS um ihre Position und Macht fürchten und deshalb den Einsatz verhindern oder verlangsamen.

6.3.2 Empirische Überprüfung der Hypothese 3

Laut Hypothese 3 wird eine negative Auswirkung steigenden Kollektivismus' nach Hofstede auf die Anwendung der Personalrekrutierung über die Personalhomepage erwartet. Ein höherer Grad des Individualismus in einer Nation (INDIVID) führt danach also zu häufigerer Anwendung der Personalrekrutierung über die Personalhomepage (ANYPR). Tabelle 4 zeigt die hierzu empirisch ermittelten Daten über ANYPR in einer Kreuztabelle mit INDIVID. Italien weist dabei, wie in 6.1. tabellarisch aufgeführt, nach Hofstede einen Individualismus-Wert von 76 auf, Großbritannien von 89 und Deutschland von 67.

Tabelle 4: Kreuztabelle ANYPR und INDIVID

Anzahl

		INDIVID			
		67	76	89	Gesamt
ANYPR	Nein	3	34	17	54
	Ja	47	16	33	96
Gesamt		50	50	50	150

Quelle: Eigene Erhebung

Eine erste Überprüfung der Hypothese erfolgt anhand einer Korrelationsanalyse nach Bravais-Pearson. Zwar ist ANYPR eigentlich nominal skaliert, im Sonderfall einer binären nominalen Variable kann diese jedoch wie eine metrische Variable behandelt werden. Die Korrelation ergibt dabei einen auf dem Niveau von 0,05 signifikanten, aber sehr schwachen negativen Zusammenhang zwischen INDIVID und ANYPR mit dem Wert $\mathbf{x_{PEAR}=-0{,}188}$. Zur Ermittlung des gerichteten Einflusses von INDIVID auf ANYPR wird nun versucht, die Merkmalsausprägungen durch eine lineare Regressionsfunktion zu beschreiben. Unabhängige Variable ist dabei gemäß Hypothese INDIVID, ANYPR wird als abhängige Variable angenommen. Die Ergebnisse der linearen Regressionsanalyse zeigt Tabelle 5.

Tabelle 5: Regressionsanalyse INDIVID und ANYPR

		Nicht standardisierte Koeffizienten		Standardisierte Koeffizienten		
Modell		B	Standardfehler	Beta	T	Signifikanz
1	(Konstante)	1,411	,334		4,224	,000
	INDIVID	-9,97E-03	,004	-,188	-2,324	,021

Quelle: Eigene Erhebung

Erneut zeigt sich, dass die Annahme eines linearen Verlaufs der Regressionsgerade einer Residuenanalyse nur unzureichend standhält. Dies drückt sich auch in einem sehr geringen Bestimmtheitsmaß von $\mathbf{R^2=0{,}035}$ aus. Auch der relativ geringe Signifikanzwert (0,021) der unabhängigen Variable im Modell bestärkt die Annahme von Linearität nicht. Somit ruht in diesem Fall die Beurteilung der Hypothese nur auf schwacher statistischer Basis. Es ergibt sich die Regressionsfunktion: $\mathbf{x_{ANYPR}= 1{,}411 - 0{,}00997y_{INDIVID}}$. Die Regressionsanalyse ergibt also einen minimal signifikanten gerichteten negativen Wirkungszusammenhang von INDIVID auf ANYPR. Dies ist nicht der in der Hypothese erwartete Wirkungszusammenhang, sondern erneut ein der Hypothese gegenläufiger: Mit steigendem INDIVID wird sinkende ANYPR erwartet. Fasst man die statistischen Auswertungen zusammen, so lässt sich folgendes Ergebnis der Überprüfung von Hypothese 3 feststellen:

Empirische Überprüfung Hypothese 3: Die Analyse der empirisch gewonnenen Daten bestätigt einen signifikanten Zusammenhang zwischen INDIVID und ANYPR. In der Regressionsanalyse kann jedoch nur ein auf geringem Niveau signifikanter, der Hypothese widersprechender, negativer Zusammenhang festgestellt werden. Somit ist ein umfassendes Urteil nicht möglich. Die Ergebnisse deuten jedoch eher in Richtung einer Falsifizierung der Hypothese.

Betrachtet man die INDIVID - Ausprägungen der untersuchten Nationen, so ist festzustellen, dass zwar Unterschiede in den Ausprägungen bestehen, diese jedoch, im Vergleich zu anderen Nationen, auf einem hohen Wertniveau liegen. So belegt Deutschland mit einem Wert von 67 in Hofstedes Untersuchung noch immer Rang 15 unter 53 untersuchten Ländern und Regionen. Auch hier würde eine Ausweitung der Untersuchung auf weitere Nationen mehr Gewissheit über die Wirkungsrichtung und Wirkungsintensität von INDIVID auf ANYPR erbringen. Weitere Begründungen für einen steigenden Einsatz der Personalrekrutierung über die Personalhomepage bei wachsendem Grad des Kollektivismus sind nicht ersichtlich.

6.3.3 Empirische Überprüfung der Hypothese 4

Hypothese 4 stellt einen Zusammenhang zwischen dem Indexwert für Maskulinität nach Hofstede (MASCULIN) und der Einsatzhäufigkeit der Personalrekrutierung über die Personalhomepage (ANYPR) auf. Es wird laut Hypothese davon ausgegangen, dass ein höherer Wert von MASCULIN auch zu einem höheren Wert für ANYPR führt. Tabelle 6 zeigt die einzelnen Ausprägungen von MASCULIN und ANYPR in einer Kreuztabelle.

Tabelle 6: Kreuztabelle ANYPR und MASCULIN

Anzahl

		MASCULIN		
		35	50	Gesamt
ANYPR	Nein	20	34	54
	Ja	80	16	96
Gesamt		100	50	150

Quelle: Eigene Erhebung

Wie bereits in Abschnitt 6.1. ersichtlich, besitzen Deutschland und England jeweils einen Maskulinitätswert von 66 und Italien einen von 70. Bereits die Kreuztabellierung zeigt hier, dass die Hypothese mit den gewonnenen Daten erneut nicht zu verifizieren ist, da Italien zwar den höchsten Wert für Maskulinität, jedoch die geringste Anzahl an personalrekrutierenden Unternehmen in der Stichprobe aufweist. Eine Korrelationsanalyse nach Bravais-Pearson ergibt einen auf dem Niveau von 0,01 signifikanten negativen Zusammenhang zwischen ANYPR und MASCULIN mit dem Wert $\mathbf{r_{PEAR} = - 0{,}471}$. Es besteht also ein mittlerer, negativer Zusammenhang zwischen den Variablen. Wie aus Tabelle 7 ersichtlich, ergibt sich bei linearer Regression eine Regressionsfunktion von $\mathbf{x_{ANYPR} = 8{,}720 - 0{,}12y_{MASCULIN}}$. Die Analyse der Residuen ergibt hier etwas stärkere Indizien für die Annahme von Linearität als bei Überprüfung der Hypothese 3, das Bestimmtheitsmaß $\mathbf{R^2 = 0{,}222}$ zeigt jedoch, dass auch hier nur 22.2% der Varianz durch die Regression erklärt werden.

Tabelle 7: Regressionsanalyse ANYPR und MASCULIN

Modell		Nicht standardisierte Koeffizienten		Standardisierte Koeffizienten		
		B	Standardfehler	Beta	T	Signifikanz
1	(Konstante)	8,720	1,243		7,015	,000
	MASCULIN	-,120	,018	-,471	-6,503	,000

Quelle: Eigene Erhebung

Die in der Regressionsfunktion bestehende Wirkung von MASCULIN auf ANYPR ist dem in der Hypothese prognostizierten Zusammenhang gegenläufig. Diesmal jedoch auf hohem Signifikanzniveau. Zusammenfassend lässt sich aufgrund der statistischen Untersuchung folgende Beurteilung von Hypothese 4 treffen:

Empirische Überprüfung Hypothese 4: Aufgrund der empirischen Ergebnisse bieten sich eher Indizien für eine Falsifizierung als zur Verifizierung der Hypothese. Es ergibt sich aus der linearen Regressionsanalyse, im Gegensatz zur formulierten Wirkungsrichtung der Hypothese, ein signifikanter, der Hypothese entgegenlaufender Einfluss von MASCULIN auf ANYPR.

Eine theoretische Begründung für das empirische Ergebnis könnte in den, bereits bei der Aufstellung der Hypothese erwähnten, Problemen bei der „Aktivierung“ von Personen in femininen Nationen liegen, die eine intensivere Personalwerbung notwendig macht. Weiterhin ließe sich unter Umständen eine mögliche Begründung für die der Hypothese entgegenlaufende Wirkung in der Offenheit von femininen Kulturen finden. Das konkurrenzbetonte Verhalten in maskulinen Gesellschaften könnte dabei verzögernd auf den Einsatz der Personalrekrutierung über die Personalhomepage wirken, da u.U. möglicher Machtverlust mit dem Einsatz dieser Form der Personalrekrutierung verbunden wird.

6.3.4 Empirische Überprüfung der Hypothese 7

Hypothese 7 stellt eine Behauptung über einen gerichteten, positiven Einfluss der relativen Anzahl der Internetnutzer eines Landes (RENETUSE) auf die Häufigkeit des Angebots der Personalrekrutierung über die Personalhomepage (ANYPR) auf. Den deskriptiven, in der empirischen Studie ermittelten Zusammenhang zwischen RENETUSE und ANYPR stellt Tabelle 8 dar.

Tabelle 8: Kreuztabellierung RENETUSE und ANYPR

Anzahl

		RENETUSE			
		20,32	28,60	30,08	Gesamt
ANYPR	Nein	34	3	17	54
	Ja	16	47	33	96
Gesamt		50	50	50	150

Quelle: Eigene Erhebung

Deutschland hat hier (siehe auch Abschnitt 6.1.) einen Anteil von 28,60% Internetnutzern in der Gesamtbevölkerung, Großbritannien einen Anteil von 30,08% und Italien einen Anteil von 20,32%. Eine durchgeführte Korrelationsanalyse nach Bravais-Pearson ergab eine, auf dem Niveau von 0,01 zweiseitig signifikante Korrelation mit dem Wert $\mathbf{r_{PEAR} = 0,433}$.

Tabelle 9: Regressionsanalyse ANYPR und RENETUSE

		Nicht standardisierte Koeffizienten		Standardisierte Koeffizienten		
Modell		B	Standardfehler	Beta	T	Signifikanz
1	(Konstante)	-,635	,221		-2,874	,005
	RENETUSE	4,842E-02	,008	,433	5,847	,000

Quelle: Eigene Erhebung

Zur Überprüfung der Wirkungsrichtung wurde erneut eine lineare Regression vorgenommen. Die Ergebnisse der Residuenanalyse und der Bestimmtheitsgrad von nur $\mathbf{R^2=18,8\%}$ bereiten auch hier Probleme bei der Annahme von Linearität. Insgesamt ergab sich jedoch ein signifikanter Zusammenhang im Sinn der Hypothese mit der

Regressionsfunktion $\mathbf{x_{ANYPR} = -0{,}635 + 0{,}0484 y_{RENETUSE}}$, wobei RENETUSE hier als Prozentzahl (23,4% = 23,4) in die Gleichung eingeht. Die Ergebnisse der Regression sind in Tabelle 9 dargestellt. Zusammenfassend lässt sich nach der Überprüfung von Hypothese 7 also folgende Beurteilung formulieren:

Empirische Überprüfung Hypothese 7: Die Analyse der empirisch ermittelten Daten lässt auf eine Bestätigung der aufgestellten Hypothese schließen. Zwar ist die Annahme von Linearität der Regressionsfunktion problematisch, die Richtung der Einflussnahme und die vorhandene Korrelation im Sinne der Hypothese sprechen jedoch eher für eine Verifizierung der aufgestellten Hypothese, als für eine Falsifizierung.

6.3.5 Empirische Überprüfung der Hypothese 8

Hypothese 8 besagt, dass bei einem höheren Anteil von Internetnutzern in einem Land (RENETUSE) auch mit intensiverer Personalrekrutierung über die Personalhomepage (PRPOWER) zu rechnen ist. Einen ersten Überblick über die empirisch gewonnenen Daten vermittelt Tabelle 10.

Tabelle 10: Kreuztabellierung RENETUSE und PRPOWER

Anzahl

		RENETUSE			
		20,32	28,60	30,08	Gesamt
PRPOWER	0	34	4	18	56
	1	1		3	4
	2	5	5	2	12
	3	2	12	8	22
	4	4	6	5	15
	5	4	16	10	30
	6		4	4	8
	7		2		2
	8		1		1
Gesamt		50	50	50	150

Quelle: Eigene Erhebung

Die Tabelle zeigt, dass die Nation mit der geringsten Nutzerquote des Internet anscheinend im Mittel auch Personalrekrutierung über die Personalhomepage mit der geringsten Intensität betreibt. Zur weiteren Analyse wurde eine Korrelationsanalyse nach Bravais-Pearson zwischen RENETUSE und PRPOWER durchgeführt. Das Ergebnis zeigt sich in Tabelle 11.

Tabelle 11: Korrelationsanalyse RENETUSE und ANYPR

		RENETUSE	PRPOWER
RENETUSE	Korrelation nach Pearson	1,000	,410**
	Signifikanz (2-seitig)	,	,000
	N	150	150
PRPOWER	Korrelation nach Pearson	,410**	1,000
	Signifikanz (2-seitig)	,000	,
	N	150	150

**. Die Korrelation ist auf dem Niveau von 0,01 (2-seitig) signifikant.

Quelle: Eigene Erhebung

Es zeigt sich eine auf hohem Niveau signifikante Korrelation mittlerer Stärke zwischen PRPOWER und RENETUSE mit $\mathbf{r_{PEAR}= 0,410}$. Es besteht zwar keine starke Abhängigkeit der Variablen, das Ergebnis lässt aber doch auf eine Verifizierung der Hypothese schließen. Zur weiteren Untersuchung wird eine lineare Regressionsanalyse durchgeführt. Das Ergebnis zeigt Tabelle 12.

Tabelle 12: Regressionsanalyse PRPOWER und RENETUSE

Modell		Nicht standardisierte Koeffizienten		Standardisierte Koeffizienten		
		B	Standardfehler	Beta	T	Signifikanz
1	(Konstante)	-3,159	1,047		-3,019	,003
	RENETUSE	,215	,039	,410	5,472	,000

Quelle: Eigene Darstellung

Wie die Tabelle zeigt, wird in der Regression eine positive Auswirkung von RENETUSE auf PRPOWER dargestellt. Es ergibt sich die Regressionsgrade $\mathbf{x_{PRPOWER}= -3,159 + 0,215y_{RENETUSE}}$, wobei RENETUSE erneut als Prozentzahl in die Gleichung eingeht. Auch in diesem Fall liegt nur ein geringer Bestimmtheitsgrad ($\mathbf{r^2=0,168}$) vor. Trotzdem deutet das gewonnene Ergebnis in Richtung einer Verifizierung der Hypothese. Die statistisch gewonnenen Ergebnisse lassen sich wie folgt zusammenfassen:

Empirische Überprüfung Hypothese 8: Die statistische Überprüfung der Hypothese mit Hilfe der empirisch gewonnenen Daten deutet in Richtung einer Verifizierung der Hypothese.

6.3.6 Empirische Überprüfung der Hypothese 10

Laut Hypothese 10 ist bei steigender Arbeitslosigkeit in einer Nation (UNEMRATE) ein Rückgang der Personalwerbung über die Personalhomepage (PMARKET) zu erwarten. Tabelle 13 zeigt die empirisch gewonnenen Merkmalsausprägungen der beiden Variablen in einer Kreuztabelle.

Tabelle 13: Kreuztabelle UNEMRATE und PMARKET

Anzahl

		UNEMRATE			
		5,5	7,9	10,5	Gesamt
PMARKET	0	18	4	34	56
	1	3		1	4
	2	2	5	5	12
	3	8	12	2	22
	4	5	6	4	15
	5	10	16	4	30
	6	4	4		8
	7		2		2
	8		1		1
Gesamt		50	50	50	150

Quelle: Eigene Erhebung

Um die aufgestellte Hypothese zu überprüfen, wurden die beiden metrischen Variablen zuerst einer bivariaten Korrelationsanalyse nach Bravais-Pearson unterzogen. Es ergab sich eine auf dem Niveau von 0,01 (beidseitig) signifikante schwache negative Korrelation von $\mathbf{r_{PEAR}=-0{,}272}$. Der negative Zusammenhang entspricht dabei der in der Hypothese formulierten Wirkungsrichtung. Zur weiteren Überprüfung wurde anhand einer linearen Regression eine Ursachenanalyse durchgeführt. Entsprechend der Hypothese wurde dabei PMARKET als abhängige und UNEMRATE als unabhängige Variable definiert. Es ergab sich das aus Tabelle 14 zu entnehmende Ergebnis.

Tabelle 14: Regressionsanalyse UNEMRATE und PMARKET

Modell		Nicht standardisierte Koeffizienten		Standardisierte Koeffizienten		
		B	Standardfehler	Beta	T	Signifikanz
1	(Konstante)	4,877	,716		6,812	,000
	UNEMRATE	-,299	,087	-,272	-3,437	,001

Quelle: Eigene Erhebung

Eine Analyse der Residuen und ein sehr geringer Bestimmtheitsgrad (R^2=0,074) bereiten auch hier Schwierigkeiten bei der Annahme von Linearität. Trotz allem weist die Regressionsgerade ($\mathbf{x_{PMARKET} = 4{,}877 - 0{,}299y_{UNEMRATE}}$) einen negativen Einfluss von steigender UNEMRATE (die Arbeitslosenquote geht als Prozentzahl in die Berechnung ein, zum Beispiel 20,2% = 20,2) auf PMARKET aus, wie er auch in der Hypothese prognostiziert wurde. Somit lässt sich die Hypothese folgendermaßen beurteilen:

Empirische Überprüfung Hypothese 10: Die Analyse der empirisch ermittelten Daten lässt eher auf eine Verifikation der Hypothese, als auf eine Falsifizierung schließen. Regression und Korrelationsanalyse bestätigen die in der Hypothese dargestellte Wirkung von UNEMRATE auf PMARKET.

6.3.7 Empirische Überprüfung der Hypothese 14

Nach Hypothese 14 ist zu erwarten, dass eine höhere Marktkapitalisierung (MARKCAP) zu häufigerem Einsatz der Personalrekrutierung (ANYPR) über die Personalhomepage führt. Eine Übersicht über die untersuchten Unternehmen und ihre jeweilige Marktkapitalisierung findet sich im Anhang. Für die Kreuztabellierung wurden, wie aus Tabelle 15 ersichtlich, die jeweiligen Marktkapitalisierungen der Unternehmen (MARKCAP) klassifiziert.

Tabelle 15: Kreuztabellierung MARKCAP (klassifiziert) und ANYPR

			MARKCAP				
			Bis 5 Milliarden Euro	Bis 20 Milliarden Euro	Bis 35 Milliarden Euro	Mehr als 35 Milliarden Euro	Gesamt
ANYPR	Nein	Anzahl	21	23	4	6	54
		% von Marktkapitalisierung des Unternehmens	48,8%	32,9%	33,3%	24,0%	36,0%
	Ja	Anzahl	22	47	8	19	96
		% von Marktkapitalisierung des Unternehmens	51,2%	67,1%	66,7%	76,0%	64,0%
Gesamt		Anzahl	43	70	12	25	150
		% von Marktkapitalisierung des Unternehmens	100,0%	100,0%	100,0%	100,0%	100,0%

Quelle: Eigene Erhebung

Die Kreuztabelle zeigt, dass große Unternehmen mit einer Marktkapitalisierung von mehr als 35 Milliarden Euro sowohl relativ als auch absolut häufiger Personalrekrutierung über die Personalhomepage betreiben als Unternehmen mit geringerer Marktkapitalisierung. Da sowohl ANYPR (als binäre Variable) als auch MARKCAP (in nicht klassifizierter Form) metrisch skaliert sind, wird zunächst eine Korrelationsanalyse nach Bravais-Pearson zur Überprüfung eines generellen Zusammenhanges zwischen den Variablen durchgeführt. Das Ergebnis zeigt Tabelle 16.

Tabelle 16: Korrelationsanalyse ANYPR und MARKCAP

		MARKCAP	ANYPR
MARKCAP	Korrelation nach Pearson	1,000	,175*
	Signifikanz (2-seitig)	,	,033
	N	150	150
ANYPR	Korrelation nach Pearson	,175*	1,000
	Signifikanz (2-seitig)	,033	,
	N	150	150

*. Die Korrelation ist auf dem Niveau von 0,05 (2-seitig) signifikant.

Quelle: Eigene Erhebung

Wie aus der Tabelle ersichtlich, ergibt sich eine schwache, auf dem Niveau von 0,05 zweiseitig signifikante Korrelation zwischen ANYPR und MARKCAP mit einem Korrelationskoeffizienten von $\mathbf{r_{PEAR}=0{,}175}$. Die Hypothese beschreibt eine positive Auswirkung von MARKCAP auf ANYPR, zu deren Überprüfung eine lineare Regressionsanalyse durchgeführt wird. ANYPR wird also laut Hypothese als abhängige, MARKCAP als unabhängige Variable angesehen. Tabelle 17 zeigt das Ergebnis der Regression.

Tabelle 17: Regressionsanalyse ANYPR und MARKCAP

Modell		Nicht standardisierte Koeffizienten		Standardisierte Koeffizienten		
		B	Standardfehler	Beta	T	Signifikanz
1	(Konstante)	,584	,047		12,496	,000
	MARKCAP	2,870E-06	,000	,175	2,156	,033

Quelle: Eigene Erhebung

Die Regressionsanalyse ergibt folgende Regressionsgrade[51]: $\mathbf{x_{ANYPR} = 0{,}584 + 0{,}00000287y_{MARKCAP}}$, auf einem guten Signifikanzniveau der Variablen, jedoch bei sehr geringem Bestimmtheitsmaß (R^2=0,03). Die Annahme von Linearität ist also auch in diesem Fall problematisch. Trotz allem lässt sich aus Korrelationsanalyse und Regressionsanalyse in Verbindung mit einer Analyse der Kreuztabelle die aufgestellte Hypothese wie folgt beurteilen:

Empirische Überprüfung Hypothese 14: Die Datenanalyse ergab einen signifikanten, aber schwachen Einfluss von MARKETCAP auf ANYPR. Die gewonnenen Daten sprechen also eher für eine Verifizierung als eine Falsifizierung der aufgestellten Hypothese.

6.3.8 Empirische Überprüfung der Hypothese 15

Laut Hypothese 15 ist von einem Einfluss der Marktkapitalisierung (MARKCAP) auf die Intensität der Personalrekrutierung (PRPOWER) auszugehen. Bei steigender MARKCAP sei auch eine wachsende PRPOWER zu erwarten. Da, wie bereits vorne erwähnt, keine Daten zur Personalauswahl gewonnen werden konnten, entspricht

[51] Die Marktkapitalisierung wird hier in Millionen Euro ausgedrückt.

PRPOWER hier der Variable PMARKET[52]. Einen ersten Überblick über die Ausprägungen von PRPOWER und MARKCAP (klassifiziert) bietet Tabelle 18.

Tabelle 18: Kreuztabelle PRPOWER und MARKCAP (klassifiziert)

Anzahl

		MARKCAP				
		Bis 5 Milliarden Euro	Bis 20 Milliarden Euro	Bis 35 Milliarden Euro	Mehr als 35 Milliarden Euro	Gesamt
PRPOWER	0	21	25	4	6	56
	1		3		1	4
	2	7	4		1	12
	3	5	11	2	4	22
	4	5	8		2	15
	5	4	14	5	7	30
	6	1	4	1	2	8
	7		1		1	2
	8				1	1
Gesamt		43	70	12	25	150

Quelle: Eigene Erhebung

Bereits hier zeigt sich einerseits, dass Unternehmen mit einer Marktkapitalisierung von über 35 Milliarden Euro weniger Elemente mit der Ausprägung „0“ besitzen, andererseits ist zu beobachten, dass bei Unternehmen mit geringer Marktkapitalisierung unter 5 Milliarden Euro keine Merkmalsausprägungen „7“ oder „8“ vorhanden sind. Diese erste Grobanalyse deutet also leicht in Richtung einer Verifizierung der aufgestellten Hypothese. Da beide Variablen metrisch skaliert sind, wird zur weiteren Analyse zuerst der Korrelationskoeffizient von Bravais-Pearson errechnet. Es ergibt sich, wie auch aus Tabelle 19 ersichtlich, ein schwacher, aber auf dem Niveau von 0,01 beidseitig signifikanter Zusammenhang zwischen PRPOWER und MARKCAP mit einem Korrelationskoeffizienten von $\mathbf{r_{PEAR}=0,245}$.

Zur tiefergehenden Untersuchung wird erneut eine lineare Regressionsanalyse durchgeführt. Wie in der Hypothese formuliert, wird PRPOWER als abhängige und MARKCAP als unabhängige Variable definiert. Die Analyse der Residuen zeigt dabei in Verbindung mit dem Bestimmtheitsmaß ($\mathbf{R^2=0,06}$) erneut, dass die Annahme von Linearität auch in diesem Fall problematisch ist. Aus der Regression ergibt sich

[52] Zur Konstruktion der Variablen siehe Kapitel 5.3.

trotz allem folgende, auf dem Niveau von 0,03 signifikante Regressionsfunktion: $x_{PRPOWER} = \mathbf{2{,}125 + 0{,}00001886}y_{MARKCAP}$. Zusammenfassend lässt sich aus Regression und Korrelationsanalyse folgendes Urteil über die Hypothese bilden:

Tabelle 19: Korrelationsanalyse PRPOWER und MARKCAP

		MARKCAP	PRPOWER
MARKCAP	Korrelation nach Pearson	1,000	,245**
	Signifikanz (2-seitig)	,	,003
	N	150	150
PRPOWER	Korrelation nach Pearson	,245**	1,000
	Signifikanz (2-seitig)	,003	,
	N	150	150

**. Die Korrelation ist auf dem Niveau von 0,01 (2-seitig) signifikant.

Quelle: Eigene Darstellung

Empirische Überprüfung Hypothese 15: Eine leichte Korrelation und die positive Wirkungsrichtung im Sinne der Hypothese in der Regressionsfunktion lassen eine Verifizierung der Hypothese vermuten, obwohl die Annahme von Linearität in der Regression problematisch ist.

6.3.9 Empirische Überprüfung der Hypothese 16

Hypothese 16 prognostiziert einen Einfluss der Branche, in der ein Unternehmen tätig ist (BRANCH), auf den Einsatz der Personalrekrutierung über die Personalhomepage (ANYPR). Insbesondere wird erwartet, dass Unternehmen aus „modernen" Branchen mehr Personalrekrutierung über die Personalhomepage betreiben als andere. Hier handelt es sich um zwei nominal skalierte Variablen, von denen nur ANYPR binär ist. In Tabelle 20 sind die empirisch ermittelten Ausprägungen von BRANCH und ANYPR in einer Kreuztabelle dargestellt.

Tabelle 20: Kreuztabelle BRANCH und ANYPR

			ANYPR		
			Nein	Ja	Gesamt
BRANCH	Elektrotechnik / Elektronik	Anzahl		1	1
		% von Branche der Unternehmung		100,0%	100,0%
	Maschinen- und Analgenbau	Anzahl	2	4	6
		% von Branche der Unternehmung	33,3%	66,7%	100,0%
	Handel	Anzahl	6	6	12
		% von Branche der Unternehmung	50,0%	50,0%	100,0%
	Banken und Versicherungen	Anzahl	22	26	48
		% von Branche der Unternehmung	45,8%	54,2%	100,0%
	Textil / Bekleidung / Schuhe	Anzahl	1	1	2
		% von Branche der Unternehmung	50,0%	50,0%	100,0%
	Nahrungs- und Genußmittel	Anzahl	4	2	6
		% von Branche der Unternehmung	66,7%	33,3%	100,0%
	Metallproduktion und -verarbeitung	Anzahl		3	3
		% von Branche der Unternehmung		100,0%	100,0%
	Fahrzeugbau und Zulieferer	Anzahl		7	7
		% von Branche der Unternehmung		100,0%	100,0%
	Chemie / Kosmetik / Pharma	Anzahl	1	10	11
		% von Branche der Unternehmung	9,1%	90,9%	100,0%
	IT / Kommunikation	Anzahl	9	14	23
		% von Branche der Unternehmung	39,1%	60,9%	100,0%
	Energie	Anzahl	6	16	22
		% von Branche der Unternehmung	27,3%	72,7%	100,0%
	Logistik und Verkehr	Anzahl	2	5	7
		% von Branche der Unternehmung	28,6%	71,4%	100,0%
	Bau	Anzahl	1	1	2
		% von Branche der Unternehmung	50,0%	50,0%	100,0%
Gesamt		Anzahl	54	96	150
		% von Branche der Unternehmung	36,0%	64,0%	100,0%

Quelle: Eigene Erhebung

Die Tabelle zeigt, dass zwischen den einzelnen Branchen zum Teil starke Unterschiede in der Einsatzhäufigkeit der Personalrekrutierung im Internet vorliegen. So setzen zum Beispiel überdurchschnittlich viele Unternehmen aus der Branche Energie die Personalrekrutierung über die Personalhomepage ein, während dies in der Branche Handel nur unterdurchschnittlich der Fall ist. Zur Überprüfung der Abhängigkeit wird eine Kontingenzanalyse inklusive eines Chi^2-Tests durchgeführt. Die Ergebnisse werden in Tabelle 21 aufgezeigt.

Tabelle 21: Chi²-Test mit BRANCH und ANYPR

	Wert	df	Asymptotische Signifikanz (2-seitig)
Chi-Quadrat nach Pearson	16,480[a]	12	,170
Likelihood-Quotient	20,711	12	,055
Zusammenhang linear-mit-linear	3,178	1	,075
Anzahl der gültigen Fälle	150		

a. 18 Zellen (69,2%) haben eine erwartete Häufigkeit kleiner 5. Die minimale erwartete Häufigkeit ist ,36.

Quelle: Eigene Erhebung

Die Analyse zeigt, dass die Nullhypothese (Unabhängigkeit von BRANCH und A-NYPR) nur mit relativ hoher Fehlerwahrscheinlichkeit abgelehnt werden kann (dies zeigt die asymptotische Signifikanz des Chi-Quadrat Tests in der Tabelle). Auch der Wert des Kontingenzkoeffizienten **K=0,315** deutet nicht auf einen starken Zusammenhang zwischen BRANCH und ANYPR hin und kann weiterhin nur mit einer hohen Fehlerwahrscheinlichkeit angenommen werden. Da zusätzlich bereits Tabelle 20 gezeigt hat, dass in „modernen" Branchen, wie zum Beispiel Kommunikation/IT, in der Stichprobe nicht in jedem Fall häufiger Personalrekrutierung über die Personalhomepage betrieben wird als in anderen Branchen, erfolgt folgende Bewertung der aufgestellten Hypothese:

Empirische Überprüfung Hypothese 16: Die Analyse der empirisch ermittelten Daten lässt eher auf eine Falsifizierung als auf eine Verifizierung der aufgestellten Hypothese schließen. Ein Zusammenhang zwischen A-NYPR und BRANCH kann nur mit hoher Fehlerwahrscheinlichkeit bestätigt werden. Ebenso ergeben sich aus der Analyse der Kreuztabellierung keine Hinweise auf eine Konzentration, die Hypothese 16 fordert.

Eine mögliche Begründung für die tendenzielle Abweisung dieser Hypothese könnte in der Konstruktion der Branchen liegen. So wäre es theoretisch möglich, dass eine andersartige Branchenabgrenzung zu einem anderen Ergebnis geführt hätte. Ebenfalls ist es möglich, dass weitere Variablen den Einfluss von BRANCH verwischen oder kompensieren. Auch hier wäre es notwendig, weitere Nationen in die Analyse mit aufzunehmen um ein gefestigteres Ergebnis zu erhalten.

6.3.10 Empirische Überprüfung der Hypothese 17

Hypothese 17 geht von einer weiteren Auswirkung der jeweiligen Unternehmensbranche (BRANCH) aus. Sie beschreibt eine Auswirkung von BRANCH auf die Intensität der Personalrekrutierung (PRPOWER). Wie bereits bei Überprüfung der Hypothese 14 erörtert, stimmt auch in diesem Fall die Intensität der Personalrekrutierung PRPOWER mit der Intensität der Personalwerbung überein PMARKET. Einen ersten Überblick über die Merkmalsausprägungen gibt Tabelle 22.

Auch hier zeigen sich bereits deutliche Unterschiede in der Verteilung innerhalb der einzelnen Klassen. So liegt zum Beispiel in der Branche Fahrzeugbau und Zulieferer eine höhere Intensität vor, als in der Branche Energie. Allerdings besteht ein großer Unterschied in der Summe der betrachteten Unternehmen. Vergleicht man die Gesamtverteilung der Intensität mit der Verteilung der Intensität innerhalb der einzelnen Klassen, so sind die Unterschiede nicht mehr in diesem Maße ausgeprägt. Zur weitergehenden Beurteilung ist also eine tiefergehende statistische Analyse notwendig. Da es sich bei BRANCH um eine nominal skalierte und bei PRPOWER um eine metrisch skalierte Variable handelt und die Auswirkung von BRANCH (unabhängige Variable) auf PRPOWER (abhängige Variable) dargestellt werden soll, empfiehlt sich hierzu die Varianzanalyse. Eine Übersicht über die Ergebnisse der Varianzanalyse findet sich in Tabelle 23.

Tabelle 22: Kreuztabellierung PRPOWER und BRANCH

			Intensität der Personalrekrutierung über die Personalhomepage									Gesamt
			0	1	2	3	4	5	6	7	8	
BRANCH	Elektrotechnik / Elektronik	Anzahl									1	1
		% von Branche der Unternehmung									100%	100%
	Maschinen- und Anlagenbau	Anzahl	2		1	1	2					6
		% von Branche der Unternehmung	33,3%		16,7%	16,7%	33,3%					100%
	Handel	Anzahl	6	2	1	1		1	1			12
		% von Branche der Unternehmung	50,0%	16,7%	8,3%	8,3%		8,3%	8,3%			100%
	Banken und Versicherungen	Anzahl	24		4	6	4	7	2	1		48
		% von Branche der Unternehmung	50,0%		8,3%	12,5%	8,3%	14,6%	4,2%	2,1%		100%
	Textil / Bekleidung / Schuhe	Anzahl	1						1			2
		% von Branche der Unternehmung	50,0%						50,0%			100%
	Nahrungs- und Genußmittel	Anzahl	4			1	1					6
		% von Branche der Unternehmung	66,7%			16,7%	16,7%					100%
	Metallproduktion und -verarbeitung	Anzahl			1	1		1				3
		% von Branche der Unternehmung			33,3%	33,3%		33,3%				100%
	Fahrzeugbau und Zulieferer	Anzahl			1		1	5				7
		% von Branche der Unternehmung			14,3%		14,3%	71,4%				100%
	Chemie / Kosmetik / Pharma	Anzahl	1	1		2		6	1			11
		% von Branche der Unternehmung	9,1%	9,1%		18,2%		54,5%	9,1%			100%
	IT / Kommunikation	Anzahl	9	1	1	4	1	6	1			23
		% von Branche der Unternehmung	39,1%	4,3%	4,3%	17,4%	4,3%	26,1%	4,3%			100%
	Energie	Anzahl	6		3	5	3	3	2			22
		% von Branche der Unternehmung	27,3%		13,6%	22,7%	13,6%	13,6%	9,1%			100%
	Logistik und Verkehr	Anzahl	2				3	1		1		7
		% von Branche der Unternehmung	28,6%				42,9%	14,3%		14,3%		100%
	Bau	Anzahl	1			1						2
		% von Branche der Unternehmung	50,0%			50,0%						100%
Gesamt		Anzahl	56	4	12	22	15	30	8	2	1	150
		% von Branche der Unternehmung	37,3%	2,7%	8,0%	14,7%	10,0%	20,0%	5,3%	1,3%	,7%	100%

Quelle: Eigene Erhebung

Tabelle 23: Varianzanalyse BRANCH und PRPOWER

Abhängige Variable: Branche der Unternehmung

Quelle	Quadratsumme vom Typ III	df	Mittel der Quadrate	F	Signifikanz
Korrigiertes Modell	112,785[a]	8	14,098	1,268	,265
Konstanter Term	1599,819	1	1599,819	143,857	,000
PRPOWER	112,785	8	14,098	1,268	,265
Fehler	1568,048	141	11,121		
Gesamt	8961,000	150			
Korrigierte Gesamtvariation	1680,833	149			

a. R-Quadrat = ,067 (korrigiertes R-Quadrat = ,014)

Quelle: Eigene Erhebung

Die Varianzanalyse ergibt, wie aus der Tabelle ersichtlich, einen gerichteten Zusammenhang von BRANCH auf PRPOWER, jedoch nur auf sehr geringem Signifikanzniveau und mit sehr geringem Bestimmtheitsgrad (R^2=0,067). In Verbindung mit den in der Kreuztabelle dargestellten Ausprägungen wird Hypothese 16 somit zusammenfassend wie folgt beurteilt:

Empirische Überprüfung Hypothese 17: Aus der Datenanalyse ergeben sich zwar leichte Hinweise auf eine Abhängigkeit der PRPOWER von BRANCH, eine Konzentration auf „moderne" Branchen, wie laut Hypothese erwartet, zeigt sich jedoch nicht.

Die tendenzielle Ablehnung dieser Hypothese, die einen Zusammenhang zwischen PRPOWER und BRANCH erwartet, resultiert wahrscheinlich aus ähnlichen Gründen wie die Ablehnung der vorangehenden Hypothese 16, auf die hiermit verwiesen wird..

6.4 Aufbau eines multivariaten Regressionsmodells für ANYPR und PRPOWER

Da einige Hypothesen sich auf dieselbe abhängige Variable beziehen (so wirken laut Hypothesen INDIVID, MASCULIN, RENETUSE, MARKCAP und BRANCH auf ANYPR sowie RENETUSE, MARKCAP und BRANCH auf PRPOWER), ist es u.U. möglich, ein multivariates Regressionsmodell für diese Variablen zu entwickeln. Der Versuch erfolgt mit dem Ziel, ein umfassenderes Erklärungsmodell für die Variablen zu finden. BRANCH als nominal skalierte Variable wurde in der Analyse der Einflüsse auf ANYPR und PRPOWER nicht weiter berücksichtigt, da hier einerseits weder Auswirkungen auf die Merkmalsausprägungen der gesamten Stichprobe, noch Einflüsse innerhalb der einzelnen Länder festgestellt werden konnten und andererseits die Aufnahme einer nominal skalierten Variable schwierig wäre.

6.4.1 Aufbau eines linearen Regressionsmodells zur Erklärung von A-NYPR

Eine erste Überprüfung der Gewichtung der Einflüsse auf ANYPR erfolgte anhand einer Korrelationsanalyse nach Bravais-Pearson, deren Ergebnisse aus Tabelle 24 ersichtlich sind.

Tabelle 24: Korrelationsanalyse INDIVID, MASCULIN, RENETUSE, MARKCAP

		INDIVID	MASCULIN	RENETUSE	MARKCAP
INDIVID	Korrelation nach Pearson	1,000		**	**
	Signifikanz (2-seitig)	,			
	N	150			
MASCULIN	Korrelation nach Pearson	-,104	1,000	**	**
	Signifikanz (2-seitig)	,204	,		
	N	150	150		
RENETUSE	Korrelation nach Pearson	,243**	-,990**	1,000	**
	Signifikanz (2-seitig)	,003	,000	,	
	N	150	150	150	
MARKCAP	Korrelation nach Pearson	,262**	-,231**	,263**	1,000
	Signifikanz (2-seitig)	,001	,004	,001	,
	N	150	150	150	150

**. Die Korrelation ist auf dem Niveau von 0,01 (2-seitig) signifikant.

Quelle: Eigene Erhebung

Die Korrelationsanalyse ergibt, dass die betrachteten Variablen nicht in jedem Fall voneinander unabhängig sind. Vor allem die sehr starke negative Korrelation von RENETUSE und MASCULIN sticht dabei ins Auge (**r_{PEAR}=-0,99**, auf dem Niveau von 0,01 signifikant). Aufgrund dieser starken, negativen Korrelation wird RENETUSE nicht in die multivariate lineare Regressionsanalyse mit aufgenommen und als überproportional starker Einflussfaktor angenommen. In die Regressionsanalyse gehen somit nur MASCULIN, MARKCAP und INDIVID ein, die als Unabhängig angenommen werden können. Deshalb wird folgendes Regressionsmodell getestet :

ANYPR= f(MASCULIN, MARKCAP, INDIVID).

Das Ergebnis der Regressionsanalyse kann Tabelle 25 entnommen werden.

Tabelle 25: Regression ANYPR, MASCULIN, MARKCAP, INDIVID

Modell		Nicht standardisierte Koeffizienten		Standardisierte Koeffizienten		
		B	Standardfehler	Beta	T	Signifikanz
1	(Konstante)	9,738	1,278		7,621	,000
	MARKCAP	2,262E-06	,000	,138	1,868	,064
	INDIVID	-1,45E-02	,004	-,272	-3,783	,000
	MASCULIN	-,119	,018	-,468	-6,549	,000

Quelle: Eigene Erhebung

Die sich ergebende Regressionsfunktion **(x_{ANYPR} = 0,000002262$y_{MARKCAP}$ – 0,0145$y_{INDIVID}$ – 0,119$y_{MASCULIN}$)** besitzt dabei einen Bestimmtheitsgrad von **R^2=0,296**. Daraus ergeben sich folgende Schlussfolgerungen[53]. Einerseits zeigt sich, dass MASCULIN der stärkste negative Einflussfaktor auf ANYPR unter den aufgestellten Variablen ist. Der stärkste positive Einflussfaktor auf ANYPR nach RENETUSE ist MARKCAP, jedoch, wie der T-Test zeigt, nur mit einer relativ geringen Einflussstärke. Die Regression zeigt andererseits also auch, dass es weitere positive Einflussfaktoren auf ANYPR außer RENETUSE und MARKCAP geben muss. Diese liegen wahrscheinlich außerhalb des hier gewählten Modellrahmens und können anhand der hier aus der Theorie heraus konstruierten Variablen nicht erklärt werden. Betrachtet man die Überprüfung der Einzelhypothesen in Verbindung mit dem Ergebnis der multivariaten Regression, so kann festgestellt werden, dass für die Aufdeckung möglicher, das Ergebnis der Einzelüberprüfung verzerrender, überproportional starker, unabhängiger Variablen kein Hinweis gefunden wurde.

[53] Es muss darauf hingewiesen werden, dass auch in diesem Fall die Annahme von Linearität problematisch ist. Ziel der Regression ist es jedoch nicht, ein umfassendes Modell der Einflüsse auf ANYPR zu erstellen, sondern nur Indizien für die Intensität der einzelnen Einflüsse zu erfassen.

6.4.2 Aufbau eines linearen Regressionsmodells zur Erklärung von PRPOWER

Wie bereits in Kapitel 6.4. erwähnt, wird hier der Einfluss von RENETUSE und MARKCAP auf PRPOWER überprüft und der Versuch unternommen, mit Hilfe einer multiplen Regression die Einflüsse zusammenzufassen. Es soll also folgendes Gesamtmodell getestet werden:

PRPOWER = f(RENETUSE, MARKCAP).

Auch hier wurde zunächst anhand einer Korrelationsanalyse überprüft, ob beide Variablen die für die multiple Regression notwendige Unabhängigkeit vorweisen. Da es sich um zwei metrisch skalierte Variablen handelt, wurde der Korrelationskoeffizient von Bravias-Pearson gewählt. Es ergab sich die in Tabelle 26 ersichtliche Korrelation.

Tabelle 26: Korrelation MARKCAP und RENETUSE

		MARKCAP	RENETUSE
MARKCAP	Korrelation nach Pearson	1,000	,263**
	Signifikanz (2-seitig)	,	,001
	N	150	150
RENETUSE	Korrelation nach Pearson	,263**	1,000
	Signifikanz (2-seitig)	,001	,
	N	150	150

**. Die Korrelation ist auf dem Niveau von 0,01 (2-seitig) signifikant.

Quelle: Eigene Erhebung

Es ergibt sich eine, auch in der Tabelle ersichtliche, schwache Korrelation zwischen MARKCAP und RENETUSE auf hohem Signifikanzniveau. Das Ergebnis lässt jedoch eine Annahme von Unabhängigkeit der Variablen zu, die zur Durchführung einer Regressionsanalyse notwendig ist. Das Ergebnis dieser multivariaten Regressionsanalyse zeigt Tabelle 27.

Tabelle 27: Regressionsanalyse PRPOWER, MARKCAP, RENETUSE

Modell		Nicht standardisierte Koeffizienten B	Standardfehler	Standardisierte Koeffizienten Beta	T	Signifikanz
1	(Konstante)	-2,847	1,050		-2,712	,007
	MARKCAP	1,135E-05	,000	,147	1,914	,058
	RENETUSE	,194	,040	,372	4,825	,000

Quelle: Eigene Darstellung

Die Regressionsgerade $\mathbf{x_{PRPOWER} = -2{,}874 + 0{,}00001135y_{MARKCAP} + 0{,}194y_{RENETUSE}}$ hat ein Bestimmtheitsmaß von $\mathbf{R^2=0{,}189}$. Der T-Test zeigt, das RENETUSE einen weitaus stärkeren Einfluss auf PRPOWER besitzt als MARKCAP. Dies zeigt auch das geringere Signifikanzniveau der Regressionsvariable MARKCAP. Die multivariate Regression bestätigt weiterhin die in der Hypothesenüberprüfung getroffene Vermutung einer tendenziellen Annahme der betreffenden Hypothesen.

6.5 Zusammenfassung der empirischen Ergebnisse

In diesem Abschnitt werden die Ergebnisse der Hypothesenüberprüfung zusammengefasst. Einen Überblick über die aus der statistischen Analyse resultierenden Beurteilungen der einzelnen Hypothesen gibt Tabelle 28.

Der Überblick zeigt, dass fünf von zehn Hypothesen einer Überprüfung anhand des empirischen Datenmaterials standgehalten haben. Insbesondere die Einflüsse von RENETUSE und MARKCAP auf ANYPR und PRPOWER, aber auch der Einfluss von UNEMRATE auf MARKCAP ließen sich verifizieren. Die Hypothesen über die kulturellen Einflüsse mussten hingegen abgewiesen werden. Zur weiteren Überprüfung dieser Hypothesen sei eine Ausweitung der Stichprobe auf weitere Länder angeraten. Als Randerkenntnis der Untersuchung wurde weiterhin festgestellt, dass einige Unternehmen zielgruppenspezifische Angebote, zum Beispiel für Führungskräfte, Studenten, Arbeiter oder „Young Professionals", auf der Personalhomepage anbieten. In der weiterführenden Forschung wäre diese Segmentierung in verschiedene Zielgruppen ein weiterer interessanter Überprüfungsgegenstand.

Tabelle 28: Zusammenfassung der Hypothesenüberprüfung	
Hypothese 02 (POWERDIS; INFCOMPL)	Tendenzielle Ablehnung
Hypothese 03 (INDIVID; ANYPR)	Tendenzielle Ablehnung
Hypothese 04 (MASCULIN; ANYPR)	Tendenzielle Ablehnung
Hypothese 07 (RENETUSE; ANYPR)	Tendenzielle Annahme
Hypothese 08 (RENETUSE; PRPOWER)	Tendenzielle Annahme
Hypothese 10 (UNEMRATE; PMARKET)	Tendenzielle Annahme
Hypothese 14 (MARKCAP; ANYPR)	Tendenzielle Annahme
Hypothese 15 (MARKCAP; PRPOWER)	Tendenzielle Annahme
Hypothese 16 (BRANCH; ANYPR)	Tendenzielle Ablehnung
Hypothese 17 (BRANCH; PRPOWER)	Tendenzielle Ablehnung
Quelle: Eigene Erhebung	

7 FAZIT UND AUSBLICK

Ziel der Studie war es, die landespezifisch differenzierten Umfeldeinflüsse auf Einsatz und Einsatzformen der Personalrekrutierung über die Personalhomepage zu erarbeiten, diese als Hypothesen zu formulieren und empirisch zu überprüfen. Die Analyse von 150 Personalhomepages aus drei Nationen hat dabei verschiedene Erkenntnisse gebracht. Es zeigte sich, dass selbst innerhalb Europas noch massive Unterschiede in der Nutzung der Personalrekrutierung über die Personalhomepage zwischen den einzelnen Nationen bestehen. Weiterhin war zu beobachten, dass vor allem in Deutschland und Großbritannien bereits viele Möglichkeiten der Personalrekrutierung über die Personalhomepage erkannt und umgesetzt werden. So betrieben von den hier untersuchten Unternehmen aus Deutschland bereits 94% die Personalrekrutierung über die Personalhomepage.

Als stärkster nationaler Einflussfaktor auf den Einsatz dieser neuen Form der Personalrekrutierung erwies sich in der Analyse der empirischen Daten der Nutzungsgrad des Internet in den einzelnen Nationen. So wurde in Nationen mit einer hohen Nutzungsrate auch häufiger und intensiver diese neue Form der Personalrekrutierung betrieben. Auch ein positiver Einfluss wachsender Marktkapitalisierung auf den Einsatz dieser Rekrutierungsform konnte nachgewiesen werden. Beide Faktoren wirkten weiterhin positiv auf die Intensität der Personalrekrutierung über die Personalhomepage. Der vermutete Einfluss der Branche auf Einsatz oder Einsatzintensität konnte hingegen nicht bestätigt werden. Ebenso konnten Hypothesen, die sich mit den Einflüssen der Kultur auf Einsatz und Einsatzformen der Personalrekrutierung beschäftigten nicht verifiziert werden. Teilweise zeigte sich in der Praxis sogar ein den Hypothesen widersprechender Einfluss.

Eine weiteres Ergebnis dieser Studie ist die Erkenntnis, dass zur Zeit in keinem der untersuchten Unternehmen Elemente zur Personalauswahl auf der Personalhomepage eingesetzt, die Fähigkeiten des Internet als nicht ausgenutzt werden. Mit dem Ergebnis der Studie konfrontiert, lieferten Experten hierzu ihre persönlichen Einschätzungen. Als mögliche Erklärungen wurden verschiedene Gründe angeführt: Die wenigen, bisher zur Verfügung stehenden Software-Anwendungen, der hohe zeitliche und finanzielle Aufwand für das Unternehmen, der zeitliche Aufwand für den Bewerber oder der fehlende „Face-to-Face“-Kontakt mit dem Bewerber. Als weiteren, wichtigen Grund gaben einige Interviewte an, dass nur geringe Erkenntnisse über die Bewertung von Online-Bewerbungsverfahren vorliegen. So sei zum Beispiel noch nicht gesichert, inwiefern eine Verschiebung der Bewertung im Vergleich zur „normalen“ Bewerbung erfolgt.

Praktische Relevanz erfährt die vorliegende Studie durch die Erkenntnis, dass in verschiedenen Ländern durchaus unterschiedliche Ansätze für die Personalrekrutierung über die Personalhomepage notwendig sein können. In Ländern mit einer höheren Nutzungsrate des Internet wird zum Beispiel ein komplexerer, umfassenderer Ansatz notwendig sein, als in Ländern in denen das Internet noch nicht weit verbreitet ist. Betrachtet man die Ergebnisse zusammenfassend, so ist festzuhalten, dass eine Ausweitung der Untersuchung auf weitere Nationen angeraten wäre, um vor allem die kulturellen Einflüsse auf die Personalrekrutierung über die Personalhomepage einer intensiveren, weiterführenden Überprüfung unterziehen zu können. Ebenfalls wird eine differenzierte Betrachtung der Zielgruppen in der zukünftigen Forschung angeraten, da hier in der Untersuchung unterschiedliche Angebote feststellbar waren.

IV. Literaturverzeichnis

Adam, N.R. / Dogramaci, O. / Gangopadhyay, A. / Yesha, Y. (1998): Electronic Commerce: Technical, Business, and Legal Issues, Upper Saddle River: Prentice Hall.

Afif, N. (2001): Schwarzer Peter Digitale Signatur, in: e-Business - Das Magazin für die Internet-Wirtschaft, Nr. 8 vom 09.04.2001, S. 82-85.

Aggarwal, R. (1999): Technology and Globalization as Mutual Reinforcers in Business: Reorienting Strategic Thinking for the New Millennium, in: Management International Review, 39. Jg. Special Issue 1999/2, S. 83-104.

Aldrich, D.F. (1999): Mastering the Digital Marketplace: Practical Strategies for Competitiveness in the New Economy, New York: Wiley.

Allan, C. / Kania, D. / Yaeckel, B. (1998): Internet World Guide to One-to-One Web Marketing, New York: Wiley.

Amor, D. (2000): Die E-Business-(R)Evolution: Das umfassende Executive-Briefing, Bonn.

Arnold, U. (1975): Betriebliche Personalbeschaffung: Grundzüge einer marktorientierten Beschaffungspolitik, Berlin.

Arnold, U.: (1992): Personalwerbung, in: Gaugler, E. / Weber, W. (Hrsg.): Handwörterbuch des Personalwesens, 2., neubearbeitete und ergänzte Auflage, Stuttgart, S. 1815-1825.

Barmeyer, C.I. / Stein, V. (1998): Deutschland denkt's, Frankreich tut's? Die virtuelle Personalabteilung im Kulturvergleich, in: Barmeyer, C.I. / Bolten, J (Hrsg.): Interkulturelle Personalorganisation, Sternenfels / Berlin, S. 71-105.

Barowski, M. / Müller, A. (2000): Online-Marketing: Das professionelle 1x1, Berlin.

Bartram, D. (1989): Computer-based Assessment, in: Herriot, P. (Hrsg.): Handbook of Assessment in Organizations, Chichester et al.: Wiley & Sons, S. 369-390.

Beck, B.E. / Moore, L.F. (1985): Linking the host culture to organizational variables, in: Frost, P.J. et al. (Hrsg.): Organizational Culture, Beverly Hills: Sage, S. 335-354.

Beck, H. / Prinz, A. (1999): Ökonomie des Internet: Eine Einführung , Frankfurt am Main / New York.

Bednarczuk, P. / Hartl, A. (2000): Vom E-Business lernen: Ansätze für ein internetgestütztes E-HRM, in: Personalführung, 33. Jg., Nr. 8, S. 20-26.

Beermann, L. / Stengel, M. (1992): Werte im interkulturellen Vergleich, in: Bergemann, N. / Sourisseaux, A.L. (Hrsg.): Interkulturelles Management, Heidelberg, S. 7-34.

Berekoven, L. / Eckert, W. / Ellenrieder, P. (1989): Marktforschung: methodische Grundlagen und praktische Anwendung, 4., neu bearbeitete Auflage, Wiesbaden.

Berndt, R. (1995): Marketing- Bd. 2: Marketing-Politik, 3., vollständig überarbeitete und erweiterte Auflage, Berlin et al.

Berndt, R. / Altobelli, C.F. / Sander, M. (1999): Internationales Marketing Management, Berlin et al.

Berres, A. (1999): Werben im Internet, Stuttgart.

Berthel, J. (2000): Personal-Management: Grundzüge für Konzeptionen betrieblicher Personalarbeit, 6., überarbeitete und erweiterte Auflage, Stuttgart.

Beugré, C.D. / Offodile, O.F. (2001): Managing for organizational effectiveness in sub-Saharan Africa: a culture-fit model, in: International Journal of Human Resource Management, 12. Jg., Nr. 4, S. 535-550.

Beyer, H.-T. (1990): Personallexikon, München / Wien.

LITERATURVERZEICHNIS

Bhagat, S.R. / McQuaid, S.J. (1982): Role of Subjective Culture in Organizations: A Review and Directions for Future Research, in: Journal of Applied Psychology, Jg. 67, Nr. 3, S. 653-685.

Bienert, P. (1998): Information & Kommunikation: Technik und Anwendung in Wirtschaft und Medien, Berlin.

Bisani, F. (1992): Personalbeschaffung und Personalbeschaffungsplanung, in: Gaugler, E. / Weber, W. (Hrsg.): Handwörterbuch des Personalwesens, 2., neubearbeitete und ergänzte Auflage, Stuttgart, S. 1619-1631.

Bisani, F. / Friedrichs, H. (1979): Das Personalwesen in Europa, Teil 1: Ergebnisse des internationalen wissenschaftlichen Kolloquiums am 12./14. Oktober in Essen, Essen.

Bittner, A. / Reisch, B. (1994): Interkulturelles Personalmanagement: internationale Personalentwicklung, Auslandsentsendungen, interkulturelles Training, Wiesbaden.

Bolender, J. (1999): Personalmarketing im Internet. Eine empirische Untersuchung des virtuellen Recruiting in Deutschland, Essen.

Bolles, R.N. (1999): Job-Hunting on the Internet, 2. Auflage, Berkeley: Ten Speed Press.

Booth, J. (1988): Computerdiagnostik, in: R.S. Jäger (Hrsg.): Psychologische Diagnostik. Ein Lehrbuch, München / Weinheim, S. 145-152.

Borck, J. R. (2000): Recruiting systems control resume chaos. A new generation of web-based solutions streamline the recruiting process, cutting costs and time to hire, in: InfoWorld, 24.07.2000, Online-Ausgabe: http://www.findarticles.com/cf_0/-m01FW/30_22/636489/1/print.jhtml, 04.12.2000.

Brambring, M. (1983): Spezielle Eignungsdiagnostik, in: Groffmann, K.-J. / Michel, L. (Hrsg.): Enzyklopädie der Psychologie, Bd. 2, Intelligenz- und Leistungsdiagnostik, Göttingen, S. 414-481.

Brandstätter, H. (1979): Die Ermittlung personaler Eigenschaften kognitiver Art, in: Reber, G. (Hrsg.): Personalinformationssysteme, Stuttgart, S. 74-95.

Brewster, C. (1995): Towards a ‚European' Model of Human Resource Management, in: Journal of International Business Studies, 26. Jg., Nr. 1, S. 1-21.

Bruhn, M. (1995): Marketing: Grundlagen für Studium und Praxis, 2., überarbeitete Auflage, Wiesbaden.

Budhwar, P.S. / Sparrow, P.R. (1998): National Factors Determining Indian and British HRM Practices: An Empirical Study, in: Management International Review, Jg. 38, Special Issue 1998/2, S. 105-121.

Cappelli, P. (2001): Making the Most of On-Line Recruiting, in: Harvard Business Review, 79. Jg., Nr. 2, S. 139-146.

Chatman, J.A. (1991): Matching People and Organizations: Selection and Socialisation in Public Accounting Firms, in: Administrative Science Quarterly, 36. Jg., Nr. 3, S. 459-484.

Clark, T. / Grant, D. / Heijltjes, M. (1999): Researching Comparative and International Human Resource Management: Key Challenges and Contributions, in: International Studies of Management and Organizations, 29. Jg, Nr. 4, S. 6-23.

Crusius, M. (2000): Jobs und Spiele, in: Personalwirtschaft, 27. Jg., Nr. 10, S. 44-47.

Daum, B. / Scheller, M. (2000): Electronic Business: Methoden, Werkzeuge, Techniken und Systeme für den Unternehmenserfolg im Internet, München et al.

Daumenlang, K. (1990): Intelligenztests, in: Sarges, W. (Hrsg.): Management-Diagnostik, Göttingen, S. 428-435.

DeCenzo, D.A. / Robbins, S.P. (1994): Human Resource Management: concepts and practices, 4. Auflage, Englewood Cliffs: Prentice Hall.

Desatnick, R.L. / Bennet, M.L. (1977): Human Resource Management in the Multinational Company, New York: Nichols.

LITERATURVERZEICHNIS

Detken, K.-O. / Pohl, K. (2000): Personalauswahl online: Das Internet als zeitgemäße Jobbörse, in: NET, o. Jg., Nr. 6, S. 23-26.

DeVries, D.L. (1996): Executive Selection: Advances But No Progress, in: Sattelberger, T.: Human Resource Management im Umbruch: Positionierung, Potentiale, Perspektiven, Wiesbaden, S. 55-65.

Döbler, T. (1999): Gestaltungsmöglichkeiten für die firmeneigene Homepage, in: Personalwirtschaft, 32. Jg., Nr. 3, S. 60-66.

Dowling, P.J. (1999): Completing the Puzzle: Issues in the Development of the Field of International Human Resource Management, in: Management International Review, 39.Jg., Special Issue 1993/3, S. 27-43.

Downs, S. (1989): Job Sample and Trainability, in: Herriot, P. (Hrsg.): Handbook of Assessment in Organizations, Chichester et al.: Wiley & Sons, S. 390-399.

Drakeley, R.J. (1989): Biographical Data, in: Herriot, P. (Hrsg.): Handbook of Assessment in Organizations, Chichester et al.: Wiley & Sons, S. 439-453.

Dülfer, E. (1990): Human Resource Management in Multinational and Internationally Operating Companies, in: Pieper, R. (Hrsg.): Human Resource Management: An International Comparison, Berlin et al., S. 261-283.

Dülfer, E. (1992): Personalwesen in unterschiedlichen Kulturen, in: Gaugler, E. / Weber, W. (Hrsg.): Handwörterbuch des Personalwesens, 2., neubearbeitete und ergänzte Auflage, Stuttgart, S. 1881-1893.

Dülfer, E. (2001): Internationales Management in unterschiedlichen Kulturbereichen, 6., ergänzte Auflage, München / Wien.

Early, C.P. (1994): Self or Group? Cultural effects of Training on Self Efficacy and Performance, in: Administrative Science Quarterly, 39. Jg., Nr. 1, S. 89-117.

Eckert, S. (1997): Kapitalstrukturgestaltung von Auslandsgesellschaften – Relevanz – Ziele – Strategien, Wiesbaden.

Eimeren, B. van / Gerhard, H. / Oehmichen, E. / Schröter, C. (1997): ARD-ZDF-Online-Studie 1997: Daten zur Online Nutzung, in: Media-Perspektiven o.Jg., Nr.8, S. 302-310.

Eimeren, B. van / Gerhard, H. (2000): ARD/ZDF-Online-Studie 2000: Gebrauchswert entscheidet über Internetnutzung, in: Media-Perspektiven o.Jg., Nr. 8, S.338-349.

Emery, V. (1996): Internet im Unternehmen: Praxis und Strategien, Heidelberg.

Europeprofile (Hrsg.) (2001): May 2001 edition, Online-Dokument, http://www.europeprofile.com/pdfs/ep-may-2001.pdf, 30.08.2001.

Farmer, R. / Richman, B. (1966): International Business. An Operational Theory, Homewood: Sage.

Evans, P. / Wurster, T.S. (1999): Getting Real About Virtual Commerce, in: Harvard Business Review, 77. Jg., Nr. 6, S. 84-98.

Fayerweather, J. (1965): International Marketing, New Jersey: Wiley & Sons.

Feltham, R.T. (1989): Assessment Centres, in: Herriot, P. (Hrsg.): Handbook of Assessment in Organizations, Chichester et al.: Wiley & Sons, S. 401-419.

Finn, W. (2000): Screen Test, in: People Management, 22. Juni 2000, S. 38-43.

Finzer, P. / Mungenast, M. (1992): Personalauswahl, in: Gaugler, E. / Weber, W. (Hrsg.): Handwörterbuch des Personalwesens, 2., neubearbeitete und ergänzte Auflage, Stuttgart, S. 1583-1596.

Fleiner, C. / Petri, O. (2000): Erfahrungsbericht: Personalsuche im Internet, in: Wirtschaftsinformatik, Jg. 42, Sonderheft, S. 132-133.

Foley, K. (2000): 2000: Year in Review – That was the year that was, http://www.nua.ie/surveys/analysis/yearinreview/archives/2000_yearly_review.html, 08.05.2001.

LITERATURVERZEICHNIS

Fornasier, S. (2001): Wirtschaftliche Trends, in: Gora, W. / Mann, E. (Hrsg.) (2001): Handbuch Electronic Commerce: Kompendium zum elektronischen Handel, 2. Auflage, Berlin et al.

Friederichs, P. (1991): Fach- und Führungskräfte: Auswahl, Integration und Entwicklung, in: Feix, W.E.: Personal 2000: Visionen und Strategien erfolgreicher Personalarbeit, Frankfurt am Main / Wiesbaden, S. 111-147.

Frindte, W. (1999): Neue Medien – neue Wirklichkeiten: Szenarios, in: Frindte, W. / Köhler, T.(Hrsg.): Kommunikation im Internet, Frankfurt am Main et al., S. 11-22.

Fröhlich – Krummenauer, M. / Bruns, I. (2000): Personalmarketing im Internet. Unternehmenspräsentation zur Ansprache von High Potentials, in: Personal, 52. Jg., Nr. 10, S. 536-542.

Gardon, O.W. (2000): Electronic Commerce: Grundlagen und Technologien des elektronischen Geschäftsverkehrs, Marburg.

Gatewood, R.D. / Feild, H.S. (1994): Human Resource Selection, 3. Auflage, Fort Worth et al.: Dryden Press.

Gaugler, E. / Wiltz, S. (1993): Personalwesen im europäischen Vergleich. The Price Waterhouse Cranfield Project, Ergebnisbericht 1992, Mannheim.

Giesen, B. / Jüde, P. (1999): Personalmarketing im Internet, in Personal, 51. Jg., Nr. 2, S. 64-67

Greengard, S. (2000): Don't Forget to Look Down Both Ends of the Résumé Pipe, in: Workforce, 79. Jg., Nr. 7, S. 78-79.

Grimm, E. / Dohne, V. (2000): Personal ködern im Datenmeer, in: Personalwirtschaft, 27. Jg., Nr. 10, S. 36-42.

Gronwald , S. (1997): Der schnelle Weg ins Aus, in: Manager Magazin, o. Jg., Nr. 12, S.297-303.

Hahn, N. (2001): Technologietrends: Konvergenz von IT, Medien und Telekommunikation, in: Gora, W. / Mann, E. (Hrsg.) (2001): Handbuch Electronic Commerce: Kompendium zum elektronischen Handel, 2. Auflage, Berlin et al.

Halba, I. (2000): Das Internet: Entwicklung und technische Grundlagen, in: Hoffmann, V. / Moritz, B. (Hrsg.): Marktplatz Internet: Empirische Studien zu seinen Potentialen und Problemen, Weikersheim, S.17-27.

Hammann, P. / Erichson, B. (2000): Marktforschung, 4., überarbeitete und erweiterte Auflage, Stuttgart.

Harlander, N. / Heidack, C. / Köpfler, F. / Müller, K.-D. (1994): Personalwirtschaft, 3., überarbeitete Auflage, Landsberg / Lech.

Hartmann, D. / Knoll, J.F. (1998): Computergestützte Selektion von Nachwuchskräften, in: Personalwirtschaft, 26. Jg., Nr. 12, S. 47-53.

Haselier, R.G. / Fahnenstich, K. (2000): Internet: MP3, Online-Shopping, Online-Banking, Zugang, Chat, Telefonieren, Suchen, Poing.

Hays, S. (1999): Hiring on the Web, in: Workforce, 77. Jg., Nr. 8, S. 76-84.

Hein, S. (1999): Internationaler Einsatz von Führungskräften. Gestaltung – Konfigurationen – Erfolg, Wiesbaden.

Heintze, R. (2000): Virtueller Vorstellungs Talk, in: Financial Times Deutschland, 3./4./5. November 2000, S. 70.

Heisig, P. / Vorbeck, J. / Hoffmann, I. / Neugart, F. (1998): Benchmarking Wissensmanagement: Best Practices in Deutschland und Europa. Teil 1: Befragungsergebnisse, München.

Hennart, J.-F. (1982): A theory of the multinational enterprise, Ann Arbor: University of Michigan Press.

Hentze, J. (1994): Personalwirtschaftslehre 1: Grundlagen, Personalbedarfsermittlung, -beschaffung, -entwicklung und –einsatz, 6., überarbeitete Auflage, Bern / Stuttgart / Wien.

LITERATURVERZEICHNIS

Hermanns, A, / Sauter, M. (2001): Electronic Commerce – Grundlagen, Potentiale, Marktteilnehmer und Transaktionen, in: Hermanns, A. / Sauter, M. (Hrsg.): Management-Handbuch Electronic Commerce: Grundlagen, Strategien, Praxisbeispiele, München, S. 13-29.

Herrmann, J. (1996): Personalplanung und Personalbeschaffung, Wiesbaden.

Heymann, H.-H. / Schuster, L. (1998): Rekrutierung und Auswahl internationaler Führungskräfte, in: Kumar, B.N. / Wagner, D. (Hrsg.): Handbuch des Internationalen Personalmanagements, München, S. 85-104.

Hofstede, G. (1980): Culture's Consequences. International Differences in Work Related Values, London / Beverly Hills: Sage.

Hofstede, G. (1983): The Cultural Relativity of Organizational Practices and Theories, in: Journal of International Business Studies, 14. Jg., Nr. 2, S. 75-89.

Hofstede, G. (1991): Cultures and Organizations: Software of the mind, London et al.: McGraw-Hill.

Hofstede, G. (1992): Die Bedeutung von Kultur und ihren Dimensionen im Internationalen Management, in: Kumar, B.N. / Haussmann, H. (Hrsg.): Handbuch der internationalen Unternehmenstätigkeit, Erfolgs- und Risikofaktoren, Märkte, Export-, Kooperations- und Niederlassungs-Management, München, S. 303-324.

Hofstede, G. (1993a): Cultural constraints in management theories, in: Academy of Management Executive, Jg. 7, Nr. 1, S. 81-94

Hofstede, G. (1993b): Interkulturelle Zusammenarbeit: Kulturen, Organisationen, Management, Wiesbaden.

Hofstede, G. (1994): The Business of International Business is Culture, in: International Business Review, Jg. 3, Nr. 1, S. 1-14.

Hofstede, G. (1997): Lokales Denken, Globales Handeln. Kulturen, Zusammenarbeit und Management, München.

Hofstede, G: (1998): Think Locally, Act Globally: Cultural Constraints in Personnel Management, in: Management International Review, Jg. 38, Special Issue 1998/2, S. 7-26.

Hofstede, G. / Neuijen, B. / Ohavy, D.D. / Sanders, G. (1990): Measuring Organizational Cultures, in: Administrative Science Quarterly, Jg. 35, Nr. 1, S. 286-316.

Hollmann, H. /Reitzig, G. (1990): Referenzen und Dokumentenanalyse, in: Sarges, W.(Hrsg.): Management-Diagnostik, Göttingen, S. 361-367.

Hohn, H.-W. / Windolf, P. (1982): Selektion und Qualifikation- die betriebliche Personalauswahl in der Krise, Berlin.

Horsch, J. (2000): Personalplanung: Grundlagen, Gestaltungsempfehlungen, Praxisbeispiele, Herne / Berlin.

Hungenberg, H. (2000): Strategisches Management in Unternehmen. Ziele – Prozesse - Verfahren, Wiesbaden.

Hüttner, M. (1989): Grundzüge der Marktforschung, 4., völlig neubearbeitete und erweiterte Auflage, Berlin / New York.

iLogos Research (2000): Global 500 Web Site Recruiting 2000 Survey, San Francisco.

Interbiznet (2000): 24 Electronic Recruiting Trends 2001 (From the 2001Electronic Recruiting Index), Mill Valley, www.interbiznet.com.

Irle, A. (2001): Email-Interview mit Andrea Irle (Accenture) vom 04.09.2001, Abschrift des Interviews im Anhang.

Jaeger, A.M. (1986): Organization development and national culture: Where's the fit?, in: Academy of Management Review, 11. Jg., Nr. 1, S. 178-190.

Jäger, A.O. (1970): Personalauslese, in: Mayer, A. / Herwig, B. (Hrsg.): Handbuch der Psychologie, Bd. 9, Betriebspsychologie, 2. Auflage, Göttingen, S. 613-667.

Jäger, R.S. (1990a): Computerdiagnostik – Eine Einführung, in: Diagnostica, 36. Jg., Nr. 2 , S. 91-95.

Jäger, R.S. (1990b): Computerdiagnostik – Ein Überblick, in: Diagnostica, 36. Jg, Nr. 2, S. 96-114.

Jäger, W. (1998): Personalmarketing in Internet und Intranet, in: Personal, 50. Jg., Nr. 3, S.110-113.

Jäger, W. (2000): Kandidaten meistbietend ersteigern, in: Personalwirtschaft, 27. Jg., Sonderheft 5, S. 18-19.

Jäger, W. / Jäger, M. (2001): Wie E-Business und Internet das Personalmanagement verändern, in: Personalführung, 34. Jg., Nr. 1, S. 72-74.

Jahnes, S. / Tammler, U. (1997): Anforderungen an Unternehmen, in: Winter, G. (Hrsg.): Ökologische Unternehmensentwicklung, Berlin et al., S. 5-26.

Jansen, P.G. (1997): Assessment in a Technological World, in: Anderson, N. / Herriot, P. (Hrsg.): International Handbook of Selection and Assessments, Chichester et al: Wiley & Sons.

Janusch, M. (2000): Online-recruiting: Fischen im weltweiten Netz, in: Electronic Commerce Info Net (ECIN), http://www.ecin.de/marketing/strategie/online-recruiting.html, 27.07.2000.

Jeserich, W. (1981): Mitarbeiter auswählen und fördern: Assessment Center Verfahren, München.

Jetter, W. (1996): Effiziente Personalauswahl. Durch strukturierte Einstellungsgespräche die richtigen Mitarbeiter finden, Stuttgart.

Jetter, W. (1998): Strukturierte Interviews und PC-gestützte Auswahlverfahren, in: Personalwirtschaft, 25. Jg., Nr. 6, S. 43-46.

Jürgens, M. (2001): Job-Spiele im Netz, in: Die Welt Online (07.01.2001), http://www.welt.de/daten/2001/01/07/0107mk213921.htx?print=1, 28.01.2001.

Känzig, T. (1998): Rekrutierungskonzept für das Internet, in: Personalwirtschaft, 25. Jg., Nr. 12, S. 54-58.

Kaiser, T. (1994): Personalwirtschaft: Personalbedarf, Personalbeschaffung, Personalentwicklung, Personaleinsatz, Entgelt- und Sozialpolitik, arbeitsrechtliche Rahmenbedingungen, Arbeitsgerichtsbarkeit, Wiesbaden.

Kalmring, D. (1996): Internet für Wirtschaftwissenschaftler, Bergisch Gladbach / Köln.

Kammel, A. / Teichelmann, D. (1994): Internationaler Personaleinsatz: konzeptionelle und instrumentelle Grundlagen, München / Wien.

Kerkow, H. / Kipker, I. (2000): Paradigmenwechsel bei der Rekrutierung von Nachwuchskräften, in: Personal, 52. Jg., Nr. 4, S. 192-194.

Kieser, A. (1974): Der Einfluß der Umwelt auf die Organisationsstruktur der Unternehmung, in: Zeitschrift für Organisation, 43. Jg., Nr. 6, S. 302-314.

Kinkel, A. (2000): Unternehmen sollten Online-Bewerbungen zentral steuern, in: Financial Times Deutschland, 12. Mai 2000, S. 39.

Klein, S. (1997): Kommerzielle elektronische Transaktionen: Sektorale Struktur, Umfang und strategisches Potential, in: Werle, R. / Lang, C. (1997): Modell Internet?: Entwicklungsperspektiven neuer Kommunikationsnetze, Frankfurt am Main / New York, S. 23-42.

Kleindl,, M. / Theobald, A. (2000): Werbung im Internet, in: Bliemel, F. / Fassot, G. / Theobald, A. (Hrsg.): Electronic Commerce: Herausforderungen -Anwendungen - Perspektiven, 3., überarbeitete und erweiterte Auflage, Wiesbaden, S. 259-273.

Klink, C. (2001): Spielend zum Job, in Wirtschaftswoche, 56. Jg., Nr. 15 (05.04.2001), S. 144-147.

Klöckner, R. (1993): Computerunterstützte Personalauswahl: Entwicklung eines Systems zur Erstellung strukturierter Personalauswahlinterviews, Aachen.

Kluckholn, F.R. / Strodtbeck, F.L. (1961): Variations in Value Orientation, Evanston / Elmsford: Row.

Kobi, J.-M. / Wütherich, H.A. (1988): Kulturbewusstes Management, in: i.O. Management Zeitschrift, 57. Jg., Nr. 2, S. 74-76.

Köhler, K. (2000): Bewerberansprache in der Virtual Community, in: Personalwirtschaft, 27. Jg., Sonderheft 5, S. 20-25.

Köhler, T. / Best, R. (1998): Electronic Commerce: Elektronischer Handel in der Praxis, Bonn.

Köhler, T. / Frindte, W. / Neumann, C. / Schreiber, A. (1999): Computervermittelte Kommunikation und Unternehmen – Wirklichkeit oder Virtualität, in: Frindte, W. / Köhler, T.(Hrsg.): Kommunikation im Internet, Frankfurt am Main et al., S. 115-135.

Kompa, A. (1984): Personalbeschaffung und Personalauswahl, Stuttgart.

Korper, S. / Ellis, J. (2001): The E-Commerce Book: Building the E-Empire, 2. Auflage, San Diego et al.: Academic Press.

Kraemer, W. / Scheer, A.-W. (2000): Web based IT-Training, in: Krallmann, H. (Hrsg.): Wettbewerbsvorteile durch Wissensmanagement- Methodik und Anwendungen des Knowledge Management, Stuttgart.

Krause, J. (2000): E-Commerce und Online-Marketing: Chancen, Risiken und Strategien, 2., aktualisierte und erweiterte Auflage, München / Wien.

Krogh, G. von / Venzin, M. (1995): Anhaltende Wettbewerbsvorteile durch Wissensmanagement, in: Die Unternehmung, 49. Jg., Nr. 6, S. 417-436.

Krol, Ed (1996): Die Welt des Internet, 3., unveränderter Nachdruck, Bonn.

Kürn, H.-C. (2001): Email – Interview mit Dr. Hans-Christoph Kürn, Siemens AG vom 10.09.2001; Abschrift des Interviews siehe Anhang.

Kumar, B.N. (1988): Interkulturelle Managementforschung. Ein Überblick über Ansätze und Probleme, in: WiSt, 17. Jg., Nr. 8, S. 389-394.

Kumar, B.N. (1992): Grundlagen und Problemfelder der internationalen Unternehmenstätigkeit – Schwerpunkt, Aufbau und Beiträge des Handbuchs, in: Kumar, B.N. / Haussmann, H. (Hrsg.): Handbuch der Internationalen Unternehmenstätigkeit: Erfolgs- und Risikofaktoren, Märkte, Export-, Kooperations- und Niederlassungs-Management, München, S. 1-26.

Kumar, B.N. (1995): Interkulturelles Management, in: Corsten, H. / Reiß, M.: Handbuch Unternehmensführung, Wiesbaden, S. 684-692.

Kumar, B.N. / Haussmann, H. (Hrsg.) (1992): Handbuch der internationalen Unternehmenstätigkeit, Erfolgs- und Risikofaktoren, Märkte, Export-, Kooperations-, und Niederlassungs-Management, München.

Kumar, B.N. / Mohr, A.T. (2000): Rekrutierung von Führungskräftenachwuchs via Internet. Eine empirische Untersuchung über Einsatz und Erfolg aus der Sicht von Unternehmen und Bewerbern, in: Scheffler, W. / Voigt, K.-I. (Hrsg.): Entwicklungsperspektiven im Electronic Business, Wiesbaden, S. 245-273.

Kumar, B.N. / Steinmann, H. / Dolles, H. (1993): Das Management in Niederlassungen deutscher Unternehmen in Japan. Eine empirische Untersuchung unter besonderer Berücksichtigung von Klein- und Mittelbetrieben, Nürnberg.

Kyas, O. / a Campo, M. (2001): Internet professionell, 2. aktualisierte und erweiterte Auflage, Bonn.

Lackes, R. / Mack, D. (1998): Innovatives Personalmanagement? Möglichkeiten und Grenzen des Einsatzes Neuronaler Netze als Instrument zur Eignungsbeurteilung, in: Zeitschrift für Personalforschung, 12. Jg., Nr. 4, S. 424-451.

Lamprecht, S. / Mailahn, J. (1998): Effektive Bewerberauswahl via Internet, in: Personalwirtschaft, 25. Jg., Nr. 1, S. 42-46.

LITERATURVERZEICHNIS

Laske, S. / Weiskopf, R. (1996): Personalauswahl – Was wird denn da gespielt? Ein Plädoyer für einen Perspektivenwechsel, in: Zeitschrift für Personalforschung, 10. Jg., Nr. 4, S. 295-330.

Laurent, A. (1986): The cross-cultural puzzle of international human resource management, in: Human Resource Management, 25. Jg., Nr. 1, S. 91-102.

Leonard, B. (2000): Online and Overwhelmed, in: HR Magazine, o. Jg., Nr. 8, S. 36-42.

Lettau, H.-G. (1994): Grundwissen Marketing: Marktforschung, Marketingplanung, Produkt, Preis, Vertrieb, Werbung, Public Relations, München.

Lewis, C. (1985): Employee Selection, London et al.: Hutchinson.

Liberman, L. / Torbiörn, I. (2000): Variances in staff-related management practices at eight European country subsidiaries of a global firm, in: International Journal of Human Resource Management, 11. Jg., Nr. 1, S. 37-59.

Liebel, H.J. / Oechsler, W.A. (1994): Handbuch Human Resource Management, Wiesbaden.

Lienert, G.A. (1994): Testaufbau und Testanalyse, 5. Auflage, Weinheim.

Luthans, F. / Welsh, D.H. / Rosenkratz, S.A (1993): What Do Russian Managers Really Do? An Observational Study With Comparisons To U.S. Managers, in: Journal of International Business Studies, 24. Jg., Nr. 4, S. 741-761.

Meffert, H. (1998): Marketing: Grundlagen marktorientierter Unternehmensführung. Konzepte – Instrumente – Praxisbeispiele, 8., vollständig neubearbeitete und erweiterte Auflage, Wiesbaden.

Meffert, H. / Bolz, J. (1998): Internationales Marketing-Management, 3. Überarbeitete und ergänzte Auflage, Stuttgart / Berlin / Köln.

Mell, H. (1993): Bewerberansprache und Bewerbungsanalyse, in: Strutz, H. (Hrsg.): Handbuch Personalmarketing, 2. Auflage, Wiesbaden, S. 303-324.

Merz, M. (1999): Electronic Commerce: Marktmodelle, Anwendungen und Technologien, Heidelberg.

Meyer, E. (1989): Unternehmenskultur und –struktur. Voraussetzung und Ergebnis erfolgreicher Personalrekrutierung, in: Seidel, E. / Wagner, D. (Hrsg.): Organisation: evolutionäre Interdependenzen von Kultur und Struktur der Unternehmung. Knut Bleicher zum 60. Geburtstag, Wiesbaden, S. 205-223.

Mocker, H. / Mocker, U. (1997): Intranet – Internet im betrieblichen Einsatz: Grundlagen, Umsetzungen, Praxisbeispiele, Frechen-Königsdorf.

Mohr, E. (1990): Methoden und Kriterien der Personalvorauswahl in bundesdeutschen Unternehmen für die Zielgruppe Hochschulabsolventen, unveröffentlichte Diplomarbeit, Christian-Albrechts-Universität zu Kiel, Lehrstuhl für Organisation am Institut für Betriebswirtschaftslehre.

Moser, K. / Schuler, H. (1989): The Nature of Psychological Measurement, in: Herriot, P. (Hrsg.): Handbook of Assessment in Organizations, Chichester et al.: Wiley & Sons, S. 281-305.

Mroczkowski, T. / Hanaoka, M. (1997): Effective rightsizing strategies in Japan and America: Is there a convergence of employment practices?, in: Academy of Management Executive, 11. Jg., Nr. 2, S. 57-67.

Müller, B. / Bonnert, E. / Kroker, M. / Kuhn, T. (2001): Das Ende des Klammeraffen, in: Wirtschaftswoche, 56. Jg., Nr. 11 (08.03.2001), S. 122-128.

Münster, T. (2001): Brief und Siegel, in: e-Business – Das Magazin für die Internet-Wirtschaft, o. Jg., Nr. 8 (09.04.2001), S. 84.

Nasif, E.G. / Al-Daeh, H. / Ebrahimi, B. / Thibodeaux, M.S. (1991): Methodological Problems in Cross-Cultural Research: An Updated review, in: Management International Review, 31. Jg., Nr. 1, S. 79-91.

Nawrocki, J. (1993): Personalwerbung, in: Strutz, H. (Hrsg.): Handbuch Personalmarketing, 2. Auflage, Wiesbaden, S. 270-285.

Negroponte, N. (1995): Total Digital, München.

Neubauer, R. (1990): Erhebung der impliziten Eignungstheorien einer Organisation, in: Sarges, W. (Hrsg.): Management-Diagnostik, Göttingen, S. 134-141.

Newmann, K.L. / Nollen, S.D. (1996): Culture and Congruence: The fit between management practices and national culture, in: Journal of International Business Studies, 27. Jg., Nr. 4, S. 753-778.

Nielsen, J. (1996): Multimedia, Hypertext und Internet. Grundlagen und Praxis des elektronischen Publizierens, Braunschweig / Wiesbaden.

Nielsen Net Ratings (2001a): Internet Usage Statistics For the Month Of April 2001, Italy, http://209.249.142.57/it/web/Nrpublicreports.usagemothly/, 17.05.2001.

Nielsen Net Ratings (2001b): Internet Usage Statistics For the Month Of April 2001,United Kingdom, http://209.249.142.57/uk/web/Nrpublicreports.usagemothly/, 17.05.2001

Nieschlag, R. / Dichtl, E. / Hörschgen (1997): Marketing, 18., durchgesehene Auflage, Berlin.

Noelle-Neumann, E. (1999): Wirkung der Massenmedien auf die Meinungsbildung, in: Noelle-Neumann, E. / Schulz, W. / Wilke, J. (Hrsg.): Fischers Lexikon Publizistik Massenkommunikation, 5., aktualisierte Auflage, Frankfurt am Main, S. 518-571.

N.N. (2000a): IT erobert die Personalabteilung, in: Personalwirtschaft, 27. Jg., Nr. 10, S. 28-35.

N.N. (2001a): Wege zum Sieg, in: Wirtschaftswoche, 56. Jg., Nr. 5, (25.01.2001), S. 117-119.

N.N. (2001b): Internet-Recruiting: Nur neue Tools locken viele Bewerber an, in: Computerwoche, 31. Jg., Nr. 5, S. 54.

Obermann, C. (1992): Assessment Center: Entwicklung, Durchführung, Trends, Wiesbaden.

OECD (Hrsg.) (2001): Standardised unemployment rates, Online-Dokument, http://www.oecd.org/media/new-numbers/sur/sur01-07a.pdf, 30.08.2001.

Oechsler, W.A. (2000): Personal und Arbeit: Grundlagen des Human Resource Management und der Arbeitgeber-Arbeitnehmer-Beziehungen, 7. grundlegend überarbeitete und erweiterte Auflage, München / Wien.

Olfert, K. / Steinbuch, P.A. (1999): Personalwirtschaft, 8., aktualisierte und durchgesehene Auflage, Ludwigshafen (Rhein).

Olkus, H. (2001): Die Jagd nach Talenten ist ein Zeitwettbewerb, in: Der Tagesspiegel, 01.07.2001, S. K1

Osterloh, M. (1994): Kulturalismus versus Universalismus. Reflektionen zu einem Grundlagenproblem des interkulturellen Managements, in: Schiemenz, B. / Wurl, H.-J. (Hrsg.): Internationales Management: Beiträge zur Zusammenarbeit. Eberhard Dülfer zum 70. Geburtstag, Wiesbaden, S. 95-116.

Ott, H. (1998): Internet für Personalverantwortliche. Das Know-How für eine effiziente Nutzung des World Wide Web, Zuerich.

Otte, M. (1999): Wie das Internet das Personalmanagement nachhaltig verändert, in: Frankfurter Allgemeine Zeitung, Nr. 194 vom 23. August 1999, S. 23

Paulus, J. (1999): Selbst aussortiert, in: Wirtschaftswoche, 54. Jg., Nr. 45 (04.11.1999), S. 178-181.

Picot, A. / Reichwald, R. / Wigand, R.T. (2001): Die grenzenlose Unternehmung: Information, Organisation und Management, Lehrbuch zur Unternehmensführung im Informationszeitalter, 4., vollständig überarbeitete und erweiterte Auflage, Wiesbaden.

Pieper, R. (1990): Human Resource Management: An international comparison – Introduction, in: Pieper, R. (Hrsg.): Human Resource Management: An International Comparison, Berlin, S. 1-26.

Pierach, C. / Staudt, M. / Vedder, G. / Merz, H. / Müller, M. (1993): Personalrekrutierung im europäischen Vergleich, in: Hardes, H.-D. / Wächter, H. (Hrsg.): Personalmanagement in Europa. Anforderungsprofile, Rekrutierung, Auslandsentsendung, Wiesbaden, S. 71-150.

Porter, M.E. (1981): The contributions of industrial organization to strategic management, in: Academy of Management Review, 6. Jg.,Nr. 4, S. 609-620.

Porter, M.E. (1989): Wettbewerbsvorteile: Spitzenleistungen erreichen und behaupten, Sonderausgabe, Frankfurt a.M. / New York.

Porter, M.E. (1990): Wettbewerbsstrategie: Methoden zur Analyse von Branchen und Konkurrenten, 6. Auflage, Frankfurt a.M. / New York.

Porter, M.E. (1991): Towards a dynamic theory of Strategy, in: Strategic Management Journal, 12. Jg. Sonderheft Winter, S. 95.117.

Porter, M.E. (2001): Strategy and the Internet, in: Harvard Business Review, 79. Jg., Nr. 2, S. 63-78.

Przybyl, S. (2001): Email-Interview mit Hr. Stefan Przybyl, Robert Bosch GmbH, vom 10.09.2001, Abschrift des Interviews im Anhang.

Pullig, K.-K. (1993): Personalmanagement, München / Wien.

Raghuram, S. / London, M. / Larson, H.H. (2001): Flexible employment practices in Europe: country versus culture, in: International Journal of Human Resource management, 12. Jg., Nr. 5, S. 738-753.

Rastetter, D. (1996): Personalmarketing, Bewerberauswahl und Arbeitsplatzsuche,Stuttgart.

Reber, G. / Jago, A. / Böhnisch, W. (1993): Interkulturelle Unterschiede im Führungsverhalten, in: Haller, M. / Bleicher, K. / Brauchlin, E. / Pleitner, H.J. / Wunderer, R. / Zünd, A. (Hrsg.): Globalisierung der Wirtschaft: Einwirkungen auf die Betriebswirtschaftslehre, Bern, S. 217-242.

Reich, K.-H. (1992): Der Einsatz von Marketinginstrumenten im Personalbereich, in: Strutz, H. (Hrsg.): Strategien des Personalmarketing: was erfolgreiche Unternehmen besser machen, Wiesbaden, S. 13-27.

Reichert, N. (1999): Von der Präsentation zur Interaktion – Personalrekrutierung im Internet, in: PersonalführungPlus, o. Jg., o. Nr., S. 14-16.

Remer, A. (1978): Personalmanagement: Mitarbeiterorientierte Organisation und Führung von Unternehmen, Berlin / New York.

Richter, J. / Brengmann, I. (2001): Die berüchtigten Papierstapel gehören bald der Vergangenheit an, in: Computerwoche, 31. Jg., Nr. 5, S. 56-57.

Ricks, D.A. / Toyne, B. / Martinez, Z. (1990): Recent Developments in International Management Research, in: Journal of Management, 16. Jg., Nr. 2, S. 219-253.

Riederer von Paar, T. / Braun, D. von (1998): Rekrutierungsmedium der Zukunft, in: Personalwirtschaft, 25. Jg., Nr. 1, S. 47-51.

Riedl, J. (2000): Rahmenbedingungen der Online-Kommunikation, in: Bliemel, F. / Fassot, G. / Theobald, A. (Hrsg.): Electronic Commerce: Herausforderungen-Anwendungen-Perspektiven, 3., überarbeitete und erweiterte Auflage, Wiesbaden, S. 239-258.

Rössler, P. / Eichhorn, W. (1999): WebCanal – ein Instrument zur Beschreibung von Angeboten im World Wide Web, in: Batinic, B. / Werner, A. / Gräf, L. / Bandilla, W. (Hrsg.): Online Research. Methoden, Anwendungen und Ergebnisse, Göttingen et al., S. 263-276.

Ryan, A. M / McFarland, L. / Baron, H. / Page, R. (1999): An International look at Selection Practices: Nation and Culture as Explanations for Variability in Practice, in: Personnel psychology, 52. Jg., Nr. 2, S. 359-391.

Schein, E. H. (1984): Coming to a new awareness of organizational culture, in: Sloan Management Review, 25. Jg., Nr.2, S. 3-16.

LITERATURVERZEICHNIS

Scherl, H. (2000): Personalbeschaffung und Personalmarketing via Internet, in: Scheffler, W. / Voigt, K.-I. (Hrsg.): Entwicklungsperspektiven im Electronic Business – Grundlagen, Strukturen, Anwendungsfelder, Wiesbaden S. 217-244.

Scherm, E. (1998): Konsequenzen unterschiedlicher Landeskulturen für den Import und Export von Managementkonzepten, in: Brühl, R. / Groenewald, H. / Weitkamp, J. (Hrsg.): Betriebswirtschaftliche Ausbildung und internationales Personalmanagement: Festschrift zum 25jährigen Bestehen der EAP, Europäische Wirtschaftshochschule Paris, Oxford, Berlin, Madrid, Wiesbaden, S. 191-212.

Schinzer, H. / Steinacker, B. (2000): Virtuelle Gemeinschaften, in: Thome, R. / Schinzer, H.: Electronic Commerce: Anwendungsbereiche und Potentiale der digitalen Geschäftsabwicklung, 2., völlig überarbeitete und erweiterte Auflage, S. 81- 105.

Schinzer, H. / Thome, R. (2000): Anwendungsbereiche und Potentiale, in: Thome, R. / Schinzer, H.: Electronic Commerce: Anwendungsbereiche und Potentiale der digitalen Geschäftsabwicklung, 2., völlig überarbeitete und erweiterte Auflage,S. 1-25.

Schmid, B.F. (1999): Elektronische Märkte – Merkmale, Organisation und Potentiale, in: Hermanns, A. / Sauter, M. (Hrsg.): Management-Handbuch Electronic Commerce: Grundlagen, Strategien, Praxisbeispiele, München, S. 31-48.

Schmid, S. (1996): Multikulturalität in der internationalen Unternehmung: Konzepte – Reflexionen - Implikationen, Wiesbaden.

Schmidt, I.D. / Döbler, T. / Schenk, M. (2000): E-Commerce: A Platform for, Integrated Marketing: Case Study on U.S. Retailing, Münster.

Schneevoigt, I. / Jung, P. (1995): Personalauswahl, in: Böhm, H. / Hauke, C.: Personalmanagement in der Praxis: Unternehmerisches Handeln gestaltet die Zukunft, Köln, S. 47-84.

Schneider, B. (1995): Personalbeschaffung: eine vergleichende Betrachtung von Theorie und Praxis, Frankfurt am Main et al.

Schöbitz, E. (1987): Die Rekrutierung von Führungsnachwuchs bei Banken, Zürich / St. Gallen.

Scholz, C. (1997a): Gefährliches Spiel, in: Manager Magazin, o. Jg., Nr. 12, S. 298.

Scholz, C. (1997b): Computerunterstützung im Internationalen Personalmanagement: Keine Frage der Technologie, sondern der strategischen Stimmigkeit, in: Clermont, A. / Schmeisser, W. (Hrsg.): Internationales Personalmanagement, München, S. 238-254.

Scholz, C. (1998): Bewerbung im Internet, in: WiSt, 27. Jg., Nr. 8, S. 427-432.

Scholz, C. (2000): Personalmanagement: informationsorientierte und verhaltenstheoretische Grundlagen, 5., neubearbeitete und erweiterte Auflage, München.

Schuler, H. / Frier, D. / Kauffmann, M. (1993): Personalauswahl im europäischen Vergleich, Göttingen / Stuttgart.

Schuler, H. / Funke, U. (1989): Berufseignungsdiagnostik, in: Roth, E. (Hrsg.): Organisationspsychologie, Göttingen, S. 281-320.

Schuler, R.S. / Rogovski, N. (1998): Understanding Compensation Practice Variations Across Firms: The Impact of National Culture, in: Journal of International Business Studies, 29. Jg., Nr. 1, S. 159-177.

Schulz, W. (1999): Mediaforschung, in: Noelle-Neumann, E. / Schulz, W. / Wilke, J. (Hrsg.): Fischers Lexikon Publizistik Massenkommunikation, 5., aktualisierte Auflage, Frankfurt am Main, S. 187-218.

Schumann, K: (2001): Recruitment-Management-System bewältigt Bewerberansturm, in: Computerwoche, 31. Jg., Nr. 5, S. 64-65.

Schwertfeger, B. (1999): Jagd nach Talenten, in: Wirtschaftswoche, 54. Jg., Nr. 42, (14.10.1999), S. 246-251.

Schwertfeger, B. (2000): Virtuelle Mitarbeiter, in: Wirtschaftswoche, 55. Jg, Nr. 22, (25.05.2000), S. 226-232.

Scullion, H. / Starkey, K. (2000): In search of the changing role of the corporate human resource function in the international firm, in: International Journal of Human Resource Management, 11. Jg., Nr. 6, S. 1061-1081.

LITERATURVERZEICHNIS

Seibt, H. / Kleinmann, M. (1991): Personalvorauswahl von Bewerbern – Derzeitiger Stand und Alternativen, in: Schuler, H. / Funke, U. (Hrsg.): Eignungsdiagnostik in Forschung und Praxis, Stuttgart, S. 174-177.

Skinner, C.W: (1964): Management of International Production, in: Harvard Business Review,. 42. Jg., Nr. 5, S. 125-136.

Smith, M. / Abrahamson, M. (1992): Patterns of selection in six countries, in: The Psychologist: Bulletin of the British Psycholgical, o.Jg., Nr. 5, S. 205-207.

Staehle, W. (1989): Management, 4. Auflage, München.

Staufenbiel, J.E. / Giesen, B. (Hrsg.) (2000): Electronic Recruiting: Personalmarketing auf der Homepage, Köln.

Stehle, W. (1983): Zur Konzeption eines Personalauswahlverfahrens auf der Basis biographischer Daten, Hohenheim.

Steinmann, H. / Hennemann, C. (1995): Personalmanagementlehre zwischen Managementpraxis und mikro-ökonomischer Theorie. Versuch einer wissenschaftstheoretischen Standortbestimmung, Nürnberg.

Steinmann, H. / Schreyögg, G. (1997): Management: Grundlagen der Unternehmensführung. Konzepte – Funktionen – Fallstudien, 4. überarbeitete und erweiterte Auflage, Wiesbaden.

Steinmetz, F. (1997): Erfolgsfaktoren der Akquisition von Führungsnachwuchskräften: eine empirische Untersuchung, Mainz.

Steinmüller, W. (1993): Informationstechnologie und Gesellschaft: Einführung in die angewandte Informatik, Darmstadt.

Stephan. K. (2001): Telefonisches Interview mit Frau Karen Stephan, Price Waterhouse Coopers am 07.09.2001, Abschrift des Interviews siehe Anhang.

Steppan, R. (2000): Suchen und Finden: Stellenbörsen im Web arbeiten am „Data-Mining“, in: Personalführung, 33. Jg., Nr. 8, S. 34-37.

Stopp, U. (2001): Betriebliche Personalwirtschaft: zeitgemäße Personalwirtschaft-Notwendigkeit für jedes Unternehmen, 24., neu bearbeitete und erweiterte Auflage, Renningen - Malmsheim.

Styppa, R. / Vogel, L. (1998): Personalakquisition via Internet, in: Personal, 50. Jg., Nr. 3, S. 118-120.

Süß, M. (1996): Externes Personalmarketing für Unternehmen mit geringer Branchenattraktivität, München / Mering.

Suutari, V. / Brewster, C. (1999): International assignments across European borders. No Problem?, in: Brewster, C / Harris, H. (Hrsg.): International HRM. Contemporary issues in Europe, London / New York: Routledge, S. 183-202.

Teagarden, M.B. / Glinow, M.A. von (1997): Human Resource Management in Cross-Cultural Contexts: Emic Practices versus Etic Philosophies, in: Management International Review, 37. Jg., Special Issue 1997/1, S. 7-20.

Tenckhoff, P. (1993): Arbeitsmarkt und Personalbeschaffung, in: Wittmann et al. (Hrsg.) (1993): Handwörterbuch der Betriebswirtschaftslehre, Teilband 1.A-H, 5., völlig neugestaltete Auflage, Stuttgart, S. 132-151.

Thieme, W.M. (2000): Interkulturelle Kommunikation und Internationales Marketing. Theoretische Grundlagen als Anknüpfungspunkt für ein Management kultureller Unterschiede, Frankfurt am Main et al.

Thomas, S. L. (2000): Recruiting and the Web: High-Tech Hiring, in: Business Horizons, 42. Jg., Nr. 5, URL: http://www.findarticles.com/cf_0/m1938/3_43/63/36/-51/print.jhtml.

Trompenaas, F. / Hampden-Turner, C. (1999): Riding the Waves of Culture: Understanding Cultural Diversity in Business, 2. Auflage, London: Nicholas Brealey Publishing.

Ullrich, G.A. (1993): Assessment Center, in: Strutz, H. (Hrsg.): Handbuch Personalmarketing, 2., erweiterte Auflage, Wiesbaden, S. 397-409.

Ulrich, H. (1989): Eine systemtheoretische Perspektive der Unternehmungsorganisation, in: Seidel, E. / Wagner, D. (Hrsg.): Organisation: evolutionäre Interdependenzen von Kultur und Struktur der Unternehmung. Knut Bleicher zum 60. Geburtstag, Wiesbaden, S. 13-26.

Vogt, K. (1999): Verzerrungen in elektronischen Befragungen?, in: Batinic, B. / Werner, A. / Gräf, L. / Bandilla, W. (Hrsg.): Online Research: Methoden, Anwendungen und Ergebnisse, Göttingen et al., S. 127-143.

Wagner, P. (1984): Personalbeschaffung: die Theorie des Personalmarketing in der praktischen Bewährung, Heidelberg.

Weber, W. / Dowling, P.J. / Festing, M. (1999): Internationales Personalmanagement. Stand der Forschung, offene Fragen, weitere Entwicklung: Konturen eines Arbeitsgebietes, in: Kutschker, M. (Hrsg.): Management verteilter Kompetenzen in multinationalen Unternehmen, Wiesbaden, S. 177-208.

Weber, W. / Festing, M. / Dowling, P.J. / Schuler, R.S. (1998): Internationales Personalmanagement, Wiesbaden.

Weinert, A. B. (1987): Lehrbuch der Organisationspsychologie, 2. Auflage, München.

Weingarten, F. (2001): Maßgeschneiderter Jobeinstieg, in: Der Tagesspiegel, 22.04.2001, S. K1.

Welge, M.K. / Holtbrügge, D. (1998): Internationales Management, Landsberg / Lech.

Weuster, A. (1988): Probleme beim Einsatz des Biographischen Fragebogens zur Personalauswahl, in: Personal, 40. Jg., Nr. 8, S. 327-330.

Wild, B. / Fontaine, A. de la / Schafsteller, C. (2001): Fishing for Talents: Internet-Recruiting auf neuen Wegen, in: Personalführung 34. Jg., Nr. 1, S. 66-70.

Williamson, O.E. (1990): Die ökonomischen Institutionen des Kapitalismus: Unternehmen, Märkte, Kooperationen, Tübingen.

Wirtz, B. W. (2000): Electronic Business, Wiesbaden.

Wolf, J. (1994): Internationales Personalmanagement: Kontext, Koordination, Erfolg, Wiesbaden.

Wottawa,, H. / Schafsteller, C. / Foerster, M. (2001): Chance Internetrecruiting: Effizient und testgestützt in die Vorauswahl, in: Absatzwirtschaft, 44. Jg., Nr. 5, S. 166.

Wunderer, R. (1975): Personalwerbung, in: Gaugler, E. (Hrsg.): Handwörterbuch des Personalwesens, Stuttgart, S. 1689-1708.

Yip, G.S. / Johansson, J.K. / Roos, J. (1997): Effects of Nationality on Global Strategy, in: Management International Review, 37. Jg., Nr. 4, S. 365-385.

Zall, M. (2000): Internet Recruiting, in: Strategic Finance, 81. Jg., Nr. 6, S.66-72.

Zillesen, W. / Dömer, F. (2000): Innovation durch Neue Medien, in: Heilmann, H. (Hrsg.): Wettbewerbsmotor Neue Medien, Stuttgart, S.1-28.

V. ANHANG

ANHANG I:	HYPOTHESENSAMMLUNG
ANHANG II:	UNTERSUCHTE UNTERNEHMENUND IHRE HOMEPAGES
ANHANG III:	LEITFADEN HOMEPAGEUNTER-SUCHUNG
ANHANG IV:	INTERVIEWS

ANHANG I: HYPOTHESENSAMMLUNG

Hypothese 1: Je höher die Machtdistanz in einem Land, desto weniger Unternehmen bieten Instrumente zur Personalauswahl auf der Personalhomepage an.

Hypothese 2: Je höher die Machtdistanz in einem Land, desto intensiver wird die Personalhomepage für die Informationsfunktion genutzt.

Hypothese 3: Um so höher der Grad des Kollektivismus in einem Land, desto weniger Unternehmen setzen das Internet für die Personalrekrutierung ein.

Hypothese 4: Je höher die Punktzahl für Maskulinität eines Landes, desto mehr Unternehmen betreiben Personalrekrutierung über die Personalhomepage.

Hypothese 5: Nationen mit einem hohen Wert der Unsicherheitsvermeidung werden mehr Online-Auswahlverfahren anbieten als Nationen mit einem geringeren Wert.

Hypothese 6: Insgesamt wird die Personalauswahl über die Personalhomepage in Ländern mit höherer Unsicherheitsvermeidung jedoch weniger häufig eingesetzt, als bei Ländern mit geringerem Grad von Unsicherheitsvermeidung.

Hypothese 7: Die relative Anzahl der Internet-Nutzer hat einen erheblichen Einfluss auf die Häufigkeit des Einsatzes der Personalrekrutierung über die Personalhomepage. Je größer der Anteil der Personen ist, die Zugang zum Internet haben, desto häufiger wird dieser Rekrutierungsweg eingesetzt.

Hypothese 8: Je größer die relative Anzahl der Internet-Nutzer eines Landes, desto intensiver wird die Personalrekrutierung über die Personalhomepage erfolgen.

Hypothese 9: Je höher die relative Anzahl der Internet-Nutzer eines Landes, desto mehr Auswahlmethoden werden.

Hypothese 10: Je höher die Arbeitslosigkeit in einer Nation, desto weniger Personalwerbung über die Personalhomepage wird betrieben.

Hypothese 11: Je höher die Arbeitslosigkeit in einer Nation, desto häufiger werden Auswahlinstrumente auf der Personalhomepage eingesetzt.

Hypothese 12: Werden in einer Nation zur „herkömmlichen Rekrutierung" eher kompliziertere Methoden zur Personalauswahl, wie Tests oder Assessment - Center, eingesetzt, so wird das Internet häufiger (Anzahl der Einsätze pro Nation) für die Personalauswahl genutzt als in Ländern wo dies nicht der Fall ist.

Hypothese 13: Werden in einer Nation zur „herkömmlichen Rekrutierung" eher kompliziertere Methoden zur Personalauswahl, wie Tests oder Assessment - Center, eingesetzt, so wird das Internet intensiver (durchschnittliche Anzahl der Tests pro Unternehmen) für die Personalauswahl genutzt als in Ländern in denen dies nicht der Fall ist.

Hypothese 14: Je höher die Marktkapitalisierung eines Unternehmens, desto eher wird es die Personalrekrutierung über die Personalhomepage einsetzen.

Hypothese 15: Je höher die Marktkapitalisierung eines Unternehmens, desto intensiver wird es die Personalrekrutierung über die Personalhomepage betreiben.

Hypothese 16: Unternehmen aus „modernen" Branchen betreiben häufiger Personalrekrutierung über die Personalhomepage als Unternehmen aus anderen Branchen.

Hypothese 17: Unternehmen aus „modernen" Branchen betreiben intensivere Personalrekrutierung über die Personalhomepage.

Hypothese 18: Unternehmen aus „modernen" Branchen bieten mehr Auswahlverfahren auf der Personalhomepage an als Unternehmen aus anderen Branchen.

ANHANG II: UNTERSUCHTE UNTERNEHMEN UND IHRE HOMEPAGES

Unternehmen	Marktkapitalisierung in Mill. Euro	Homepage
DEUTSCHLAND		
DEUTSCHE TELEKOM	89197,19	Telekom.de
ALLIANZ	75785,75	Allianz.de
SIEMENS	50817,89	Siemens.de
MÜNCHENER RÜCK	50536,9	Munichre.de
DAIMLERCHRYSLER	48911,06	Daimlerchrysler.de
SAP	46369,48	Sap.de
DEUTSCHE BANK	43280,8	Deutsche-Bank.de
E.ON	41714,24	Eon.de
BAYER	29239,46	Bayer.de
BASF	25081,65	Basf.de
BAYERISCHE HYPO-UND-VEREINSBANK	23082,88	Hypovereinsbank.de
RWE	22242,05	Rwe.de
BMW	21907,38	Bmw.de
DEUTSCHE POST	17662,8	Post.de
INFINEON TECHNOLOGIES	15734,45	Infineon.de
VOLKSWAGEN	14447,2	Vw.de
COMMERZBANK	12735,32	Commerzbank.de
METRO	12350,51	Metro.de
SCHERING	10569,58	Schering.de
BEIERSDORF	10345,57	Beiersdorf.de
T-ONLINE	8596,18	T-Online.de
THYSSENKRUPP	7040,59	Thyssenkrupp.de
LUFTHANSA	6540,24	Lufthansa.de
AMB GENERALI	6218,27	Amb.de

PREUSSAG	6014,16	Preussag.de
DEGUSSA	5645,99	Degussa.de
FRESENIUS	5580,14	Fresenius.de
ALTANA	5384,67	Altana.de
BHW HOLDING	5261,27	Bhw.de
HENKEL	5116,14	Henkel.de
LINDE	5107,43	Linde.de
HEIDELBERGER-DRUCKMASCHINEN	4108,96	Heidelberg-Druck.de
DEUTSCHE BOERSE	3631,63	Deutsche-Boerse.de
KARSTADT QUELLE	3550,43	Karstadt-Quelle.de
BHF-BANK	3534,88	Bhf-Bank.de
THUEGA	3429,57	Thuega.de
MLP	3419,83	Mlp.de
GEHE	3299,54	Gehe.de
PORSCHE	3231,83	Porsche.de
EPCOS	3143,53	Epcos.de
ADIDAS-SALOMON	3096,96	Adidas.de
BEWAG	3095,12	Bewag.de
ENERGIE BADEN WUERT.	3038,06	Enbw.de
WCM	2890,42	Wcm.de
VICTORIA VERSICHE-RUNG	2657,21	Victoria.de
DEPFA-BANK	2624,58	Depfa.de
HEIDELBERGER ZEMENT	2593,7	Heidelberger-Zement.de
NECKARWERKE STUTT-GART	2546,94	Nws-AG.de
MAN	2539,66	Man.de
HEW	2512,5	Hew.de
ITALIEN		
ENI	48516,66	Eni.it

ANHANG II: UNTERSUCHTE UNTERNEHMEN UND IHRE HOMEPAGES

TELECOM ITALIA	48512,64	Telecomitalia.it
TELECOM ITALIA MOBIL	48482,27	Tim.it
ENEL	40706,75	Enel.it
GENERALI	40508,66	Generali.it
UNICREDITO ITALIANO	21753,7	Unicredito.it
INTESA	18663,47	Intesa.it
SAN PAOLO IMI	17577,22	Sanpaolo.it
OLIVETTI	12482,4	Olivetti.it
SEAT-PAGINE GIALLE	11995,63	Seat.it
MEDIASET	9897,59	Mediaset.it
RAS	9076,48	Ras.it
BANCA FIDEURAM	8899,23	Fideuram.it
FIAT	8480,43	Fiatgroup.com
BANCA MONTE DEI PASCHI	8363,88	Mps.it
LUXOTTICA	8145,04	Luxottica.it
AUTOSTRADE	8132,19	Autostrade.it
ALLEANZA	8096,91	Alleanzaassecuratione.it
MEDIOLANUM	7918,03	Mediolanum.it
FINMECCANICA	7785,22	Finmeccanica.it
INA	7730,11	Gruupoina.it
ROLO BANCA 1473	7463,4	Rolobanca.it
MEDIOBANCA	7373,12	Mediobanca.it
EDISON	6504,18	Edison.it
BANCA NAZIONALE DI LAVORO	6340,07	Bnl.it
BIPOP CARIRE	6209,21	Bipop.it
MONTEDISON	4895,34	Motedison.it
PIRELLI	4347,52	Pirelli.it
BANCA DI ROMA	4223,24	Bancaroma.it
AEM	3571,38	Aem.it
BULGARI	3442,6	Bulgari.it

ITALGAS	3228,66	Italgas.it
HDP - HLDG.DI PAR.INDI.	2979,23	Hdp.it
AUTOGRILL	2807,63	Autogrill.it
TISCALI	2720,86	Tiscali.it
BANCA LOMBARDA	2604,08	Bancalombarda.it
SAIPEM	2470,98	Saipem.it
BENETTON	2452,39	Benetton.it
BANCA POPOLARE DI VERONA	2274,53	Bpv.it
BANCA POPOLARE DI BERGAMO	2213,12	Bpb.it
PARMALAT	2095,61	Parmalat.net
LA FONDIARIA	2045,37	Fondiaria.it
E BISCOM	2034,12	Ebiscom.it
BANCA POPOLARE EMILIA ROMAGNA	1951,35	Bper.it
MONDADORI ED	1899,22	Mondadori.it
BANCA CARIGE	1736,33	Carige.it
GRUPPO EDIT. L'ESPRESSO	1682,06	Gruppoespresso.it
BANCA POPOLARE DI NOVARA	1668,97	Bpn.it
ALITALIA	1666,39	Alitalia.it
IFIL	1645,43	Ifil.it
GROSSBRITANNIEN		
BP	183468,75	Bp.com
GLAXOSMITHKLINE	178050,81	Glaxosmithkline.co.uk
VODAFONE GROUP	151564,19	Vodafone.co.uk
HSBC HOLDINGS	108961,69	Hsbc.co.uk
ASTRAZENECA	87783,13	Astrazeneca.co.uk
SHELL TRANSPORT & TRADING	78169,19	Shell.co.uk

ANHANG II: UNTERSUCHTE UNTERNEHMEN UND IHRE HOMEPAGES

ROYAL BANK OF SCOTLAND	70009,5	Rbos.co.uk
BRITISH TELECOM.	61015,74	British-Telecom.co.uk
LLOYDS TSB GP.	59106,21	Lloyds.com
BARCLAYS	51944	Barclays.co.uk
DIAGEO	35246,1	Diageo.co.uk
CGNU	33177,86	Cgnu-Group.com
HALIFAX GROUP	26695,52	Halifaxgroupplc.com
PRUDENTIAL	25240,16	Prudential.co.uk
TESCO	24893,73	Tesco.co.uk
UNILEVER (UK)	24739,19	Unilever.com
ABBEY NATIONAL	23841,35	Abbeynational.plc.uk
BRITITISH SKY BROADCASTING	21179,36	Sky.com
ANGLO AMERICAN	19652,64	Angloamerican.co.uk
RIO TINTO	18030,03	Riotinto.co.uk
REUTERS GROUP	17787,21	Reuters.co.uk
COMPASS GROUP	17440,53	Compassgroup.co.uk
BRITISH AMERICAN TOBACCO	17318,37	Bat.co.uk
BAE SYSTEMS	16468,88	Bae-Systems.co.uk
BANK OF SCOTLAND	15380,94	Bank-of-Scotland.com
CABLE & WIRELESS	14374,89	Cw.com
BG GROUP	14145,5	Bg-Group.com
STANDARD CHARTERED	13837,26	Standardchartered.com
CADBURY SCHWEPPES	13651,5	Cadbury.co.uk
SCOTTISH POWER	13055,51	Scottishpower.plc.uk
CENTRICA	12930,25	Centrica.co.uk
AMVESCAP	12756,63	Amvescap.co.uk
WPP GROUP	12685,91	Wpp.com
LEGAL & GENERAL	12603,31	Landg.com
PEARSON	12351,13	Pearson.com

BHP BILLITON	11137,56	Bhpbilliton.com
REED INTERNATIONAL	10910,05	Austinreed.co.uk
SAINSBURY	10881,18	Sainsbury.co.uk
NATIONAL GRID	10464,2	Nationalgrid.com
MARKS & SPENCER	10184,66	Marks-and-Spencer.co.uk
ROYAL & SUN ALL.IN.	10115,94	Royalsunalliance.com
BAA	9997,16	Baa.co.uk
RECKITT BENCKISER	9361,29	Reckitt.com
SIX CONTINENTS	8846,68	Sixcontinents.co.uk
GUS	8615,98	Gusplc.co.uk
3I GROUP	8584,79	3igroup.co.uk
BOOTS	8446,88	Boots-plc.cm
LATTICE GROUP	8219,72	Lattice-Group.com
SCOTTISH & SOUTHERN ENERGY	8207,55	Scottish-Southern.co.uk
KINGFISHER	7753,38	Kingfisher.co.uk

ANHANG III: LEITFADEN HOMEPAGEUNTERSUCHUNG

Firmenname:		
Nation:		
Marktkapitalisierung		
Branchenzuordnung:		
Personalrekrutierung überhaupt vorhanden?	**JA**	**NEIN**
Link zu zentraler, firmenweiter Personalhomepage vorhanden?	**JA**	**NEIN**
Bewerbertests vorhanden?	**JA**	**NEIN**
Konkrete Stellen online ausgeschrieben?	**JA**	**NEIN**
Newsletter vorhanden?	**JA**	**NEIN**
Multimediale Fähigkeiten des Internet genutzt?		
Nutzung von Audio-Dateien?	JA	NEIN
Nutzung von Video-Dateien?	JA	NEIN
Informationen zu Karriere und Weiterbildung?		
Vorhanden?	JA	NEIN
Mehr als eine Seite?	JA	NEIN
Informations-Chat vorhanden?	**JA**	**NEIN**
Online-Bewerbung möglich?	**JA**	**NEIN**
Per Email mit Anhang (Zeugnisse, Referenzen,...)?	JA	NEIN
Per Email ohne Anhang (Kurzbrief)?	JA	NEIN
Per Formular (Biographischer Fragebogen)?	JA	NEIN
Auswahlverfahren online?	**JA**	**NEIN**
Anzahl der Auswahlverfahren?		

Ein Auswahlverfahren?	JA	NEIN
Mehrere Auswahlverfahren?	JA	NEIN
Form der Auswahlverfahren?		
Tests ohne Spielcharakter?	JA	NEIN
Tests mit Spielcharakter?	JA	NEIN

ANHANG IV: INTERVIEWS

INTERVIEW01

Email-Interview mit Frau **Andrea Irle** am 04.09.2001, verantwortlich für den Internetauftritt der Firma **Accenture** in Deutschland, Österreich und der Schweiz inkl. des Recruitingauftritts.

Frage: In welcher Form führen Sie Personalrekrutierung auf der Personalhomepage durch?

Andrea Irle: Wir geben Bewerbern auf unserer Homepage die Möglichkeit sich online zu bewerben. Dort werden allerdings nur die „harten" Kriterien abgefragt. „Weiche" Kriterien erfassen wir im persönlichen Kontakt durch Telefoninterviews oder Auswahltage.

Frage: Planen Sie in Zukunft die Auswahl über die Personalhomepage intensiver zu betreiben?

Andrea Irle: Wir planen für die Zukunft die Integration einer Online-Fallstudie auf unseren Recruiting-Webseiten, allerdings nicht zu direkten Auswahlzwecken, sondern um dem Interessenten ein spielerisches „Erfahren" des Berateralltags anhand eines Beispielprojekts zu ermöglichen.

Frage: Wie erklären Sie sich, dass die Personalauswahl über die Personalhomepage momentan fast keine Verwendung findet?

Andrea Irle: Wahrscheinlich wird die Personalauswahl über das Internet nur deshalb in so geringem Maße betrieben, da nur sehr wenige theoretisch fundierte Erkenntnisse über solche Methoden vorliegen. So ist zum Beispiel bisher noch ungeklärt, ob und wie die

Ergebnisse von Online-Auswahlverfahren und Offline-Auswahlverfahren zu vergleichen sind.

INTERVIEW02

Telefonisches Interview mit Frau **Karen Stephan**, **Price Waterhouse Coopers**, Abt. Strategisches Personalmarketing, Personalmarketing & Recruiting (Neue Medien), am 07.09.2001, 15.30 Uhr.

Frage: In meiner Untersuchung habe ich festgestellt, dass keines der untersuchten Unternehmen Elemente zur Personalauswahl auf der Recruiting-Seite angeboten hat. Wie könnten Sie sich dieses Ergebnis erklären?

Frau Stephan: Wir bei PWC denken schon seit längerem über den Einsatz solcher Elemente nach. Natürlich kann ich nicht für die 150 untersuchten Unternehmen sprechen, aber ich kann mir verschiedene Gründe für dieses Ergebnis vorstellen. Einerseits gibt es die Problematik, dass Unternehmen ja Personal für die verschiedensten Positionen und somit auch mit den verschiedensten Anforderungen rekrutieren. Hier müsste zur Vorauswahl also für jede Position ein individuelles Auswahlsystem entwickelt werden. Andererseits wäre es ja möglich, ein globales "Grund" – Anforderungsprofil mit festen Ausschlusskriterien aufzustellen und dieses abzufragen. Problematisch wäre hierbei jedoch, dass es unter Umständen von den Bewerbern als hart empfunden würde, eine Absage über das Internet zu erhalten. Außerdem legen wir bei PWC generell großen Wert auf den Face-to-Face Kontakt mit dem Bewerber. Die Tatsache, dass keines der Unternehmen solche Elemente anbietet, verwundert mich jedoch auch.

INTERVIEW03

Email - Interview mit Herrn **Dr. Hans-Christoph Kürn**, Recruiting Support Center, **Siemens AG**, München.

Frage: Welche Erfahrung haben Sie mit der Personalrekrutierung über die Personalhomepage?

Dr. Kürn: Das Medium Internet ist aus unseren Recruiting-Aktivitäten sicher nicht mehr wegzudenken- und das ist gut so! Wir haben bisher sehr gute Erfahrung mit dem Web Site Recruiting gemacht und dies wahrscheinlich auch, da wir, zum Beispiel mit dem Angebot von Challenge Unlimited, innovative Wege gegangen sind.

Frage: In meiner Studie habe ich herausgefunden, dass keines der 50 größten Unternehmen aus Deutschland, Italien und Großbritannien personalauswählende Elemente auf der Personalhomepage anbietet, die über CV-Formulare hinausgehen. Wie könnten Sie sich dieses Ergebnis erklären?

Dr. Kürn: Wir arbeiten schon lange daran, eine Art „Vorauswahl" bereits im Netz anzubieten. Dies ist jedoch nicht unproblematisch! In einem Spiel kann man die Anforderungen sehr gut einkleiden und allgemein halten, vor jeder Online-Bewerbung ein solches zu schalten halte ich jedoch für problematisch. Insbesondere die stellenspezifischen Anforderungen könnten wohl nur schwer für jede individuelle Stelle abgefragt werden. Dies könnte ein möglicher Grund für das Ergebnis Ihrer Studie sein.

10.09.2001

INTERVIEW04

Email - Interview mit Herrn **Stefan Przybyl**, **Robert Bosch GmbH**, ZM4 , Projektteam Electronic Recruiting.

Frage: Welche Rolle spielt Electronic Recruiting für die Firma Bosch?

Przybyl: Wir haben das Thema E-HR in einem Projekt-Team behandelt und vor 2 Monaten die Online-Bewerbung über unsere Personalhomepage möglich gemacht. Hierüber versuchen wir vor allem Stellen für Akademiker oder angehende Akademiker zu besetzen.

Frage: In meiner Studie habe ich festgestellt, dass keines der untersuchten Unternehmen eine Personalauswahl oder Personalvorauswahl auf der Personalhomepage vornimmt. Wenn überhaupt eine Bewerbung möglich war, dann wurden nur Email-Adressen oder CV-Formulare angeboten. Wie würden Sie sich dieses Ergebnis erklären?

Przybyl: Ich denke, dass diese Thematik noch in den Kinderschuhen steckt und erst jetzt massiv von Drittanbietern solche Auswahlinstrumente zur Verfügung gestellt werden. Auch ein Grund, warum solche Elemente noch nicht verwendet werden, könnte ja der Bewerbermangel sein, denn diese Instrumente machen u.U. nur dann Sinn und sind auch effektiv, wenn man mehrere Bewerber hat. Für ein bis zwei Bewerber pro Stelle lohnt sich der Aufwand nicht. Für jede Stelle, die über ein Online-AC oder ein ähnliches Verfahren im Internet ausgeschrieben wird, muss extra ein Stellenprofil angelegt werden, da erscheint der Aufwand, der zusätzlich zur konventionellen Ausschreibung hinzukommt, teilweise zu hoch.

10.09.2001